Criminalidad en la sociedad cubana actual

De la delincuencia marginal a la corrupción burocrática

Otras obras de Fernando Barral

Mis Vidas Sucesivas

Recuerdos y destino de un niño de la guerra

Hungría 1956. Crónica de una insurrección

Criminalidad en la sociedad cubana actual

De la delincuencia marginal a la corrupción burocrática

Dr. Fernando Barral

M.Sc. Alejandro Aldana Fong

Con la colaboración de

Dra. Lizzie Llopis

Primera edición

Editorial Barralopolis

2014

First Printing: 2014

ISBN 978-1-312-26878-4

Editorial Barralopolis
34552 Calle Naranja, Capistrano Beach CA 92624

Dedicatoria

A los Estudiantes de Ciencias Sociales,
quienes espero sean los principales beneficiados de esta obra.

Al Ministerio del Interior, del que aprendí la esencia y características
de la Delincuencia en Cuba.

INDICE

Agradecimientos

Al General Arquímedes, por su apoyo incondicional.
A mi hija Ana María, que hizo posible la obra.
A Lizzie Llopis, por su destreza, constancia y fidelidad.

A Laly, mi amor de siempre,
                              Fernando

Barral y Aldana

PROLOGO

La obra que se le presenta al lector está dirigida al estudiante universitario cubano, principalmente al de la Facultad de Derecho, quien recibe la asignatura de Criminología en el tercer año de la carrera.

Sus autores, el Dr. Fernando Barral, MSc. Alejandro Aldana Fong y la Dra. Lizzie Llopis, no la concibieron como otra recopilación enjundiosa de teorías sobre la Criminología. Por eso mismo, han sustituido el título de "Criminología", que ampara tantas teorías abstractas, por el más descriptivo

La Criminalidad en la Sociedad Cubana Actual, que apunta con más precisión a su verdadero objeto de estudio. Al leerlo, pareciera que en sus páginas estuviese prohibido el virtuosismo teórico tan común en la literatura criminológica sajona, europea y latina. Se trata de una obra pensada para dialogar con el alumno concretamente acerca de la Delincuencia en Cuba, sin perder de vista el rigor analítico propio de una disciplina científica.

Hacía falta un material didáctico como éste, que además, contiene una amplia bibliografía y algunas experiencias concretas de otros países. Nuestros textos de Criminología ahondan en la historia de esta disciplina y referencian pródigamente sus principales teorías y autores; sin embargo, soslayan con lamentable frecuencia un objetivo pedagógico fundamental, que es el análisis crítico de la realidad social y del fenómeno delincuencial en Cuba. Nuestros libros, por lo general, reflejan y reproducen el tradicional esquema positivista de enseñanza. Como resultado, el estudiante de Derecho tiene la sensación de que una cosa es la delincuencia que ve en las calles y en entidades estatales, y otra, la que ve en los libros de Criminología. Y con razón, porque ¿qué ha sido hasta hoy la enseñanza de la Criminología en nuestras Universidades sino –grosso modo y excluyendo temas puntuales- una crónica de teorías foráneas, todas en pugna, todas criticables, todas con pretensiones de universalidad?

¿En qué radica la singularidad de una obra como *La Criminalidad en la Sociedad Cubana Actual*?

Primero y con sobrado mérito, en la introducción de *conceptos generales* así como las categorías de la *dialéctica materialista* en el análisis de la criminalidad. Observe el lector que nos referimos a la *dialéctica materialista* y no al dogma pseudomarxista que se oficializó en la URSS y el bloque socialista de Europa del Este. Rescatar a Marx para la Criminología de la Cuba del siglo XXI es una necesidad que no se podía seguir postergando. Lo social y lo jurídico, lo abstracto y lo concreto, lo singular y lo general, no son aquí pares de categorías explicadas en abstracto, sino herramienta utilizadas en el proceso real de construcción de una nueva visión sobre la delincuencia. Puede decirse que por primera vez se le presenta al estudiante el *sistema categorial* de esta ciencia para un análisis concreto y contextualizado del crimen. Este tipo de enfoque, así como sus resultados, no tienen precedentes en Criminología.

La vinculación de los tipos de criminalidad con la emergencia, desarrollo y decadencia de las clases sociales en una sociedad histórica concreta, es otro de los tópicos novedosos de *La Criminalidad en la Sociedad Cubana Actual,* Cierto es que apenas está enunciado, pero no deja de ser por ello un atisbo certero. Su potencial cognitivo y valor metodológico están fuera de discusión, en especial, cuando se aplican a la *Delincuencia Ocupacional,* un concepto sintético pero rico en derivaciones, la *Corrupción Administrativa* y la *Burocracia* en el socialismo cubano, temas todavía hoy escurridizos y pendientes de profundización por nuestro saber Criminológico.

Esta obra sienta las bases para un debate sobre el modo de pensar y hacer Criminología. Con un estilo conciso, claro y a veces tajante, los autores cuestionan paradigmas, clasificaciones, conceptos y teorías. No reparan en requisitos formales. Su propósito no es llevar la tranquilidad al espíritu del lector, sino provocarlo a que reanalice dialécticamente los conocimientos de esta disciplina. Los resultados de investigaciones realizadas, expuestos como ejemplos, y algunas experiencias extranjeras, señalan el trayecto del pensamiento, pero el camino a recorrer es desconocido. Tampoco es seguro encontrar un discurso ya definido, porque la propuesta es de transformación práctica. La obra no termina con artículos de fe, sino con el conocimiento concreto extraído de la experiencia con la criminalidad, de las realidades de de **nuestra** delincuencia y de la criminalidad de otros países. .

Esperamos que con la *Criminalidad en la Sociedad Cubana Actual,* el estudiante universitario tenga en sus manos un material idóneo para su formación, un complemento invaluable de su saber jurídico, enriquecido con este saber criminológico.

MSc. Alejandro Aldana Fong
Profesor adjunto de la Universidad de La Habana

PRIMERA PARTE: EPISTEMOLOGÍA

I. Problemas epistemológicos de la Criminología.

¿Por qué hablar de epistemología en los estudios sobre criminalidad?

El común de las personas suele pensar que el conocimiento se descubre, que existe ya en las cosas fuera del hombre, y que este lo va adquiriendo al entrar en contacto con el mundo. No es exactamente así. Si bien es cierto que el conocimiento es el reflejo de la realidad objetiva en la mente, ese reflejo no es fidedigno a priori, ni tampoco pasivo. El conocimiento se construye, se organiza y se verifica según criterios que varían a lo largo de la actividad social del hombre. Así como no hay una sola visión del mundo, tampoco hay un solo criterio de cómo hacer ciencia.

Una epistemología es un modo de construir y validar un saber. Si se quiere sistematizar un conocimiento, deben sistematizarse las premisas de su construcción y verificación. De ahí que, antes de entrar en el tema de la delincuencia, sea conveniente analizar los criterios a partir de los cuales la estudiamos. Como toda ciencia social, la Epistemología ha estado vinculada a las ideologías e intereses de las clases y grupos dominantes de las sociedades modernas. Y cada clase social ha sido portadora de sus propias verdades, saberes y discursos.

En resumen, según sea el tipo de epistemología que utilicemos así será la visión que tengamos sobre la delincuencia y la forma de enfrentarla.

Hasta hoy se conocen tres modelos epistemológicos o esquemas generales de hacer ciencia: el Positivista, el Fenomenológico y el Materialista Dialéctico[1].

1. Los modelos epistemológicos científicos.

El modelo Positivista

El modelo Positivista plantea que el fin de la ciencia es demostrar la **objetividad** de la realidad, o sea, que el mundo existe al margen de criterios personales. Ello supone que la realidad es **explicable** mediante la **determinación** de sus causas y de sus leyes. La **veracidad** del conocimiento se establece mediante su **replicabilidad**, es decir, un saber es objetivamente verdadero si cualquiera puede reproducir el proceso de su obtención y arribar a los mismos resultados.

La epistemología Positivista propugna la **neutralidad** ideológica y política del científico respecto a la investigación y sus resultados. El énfasis en la **verificación empírica** –como criterio de verdad objetiva– ha llevado al científico positivista a **desechar la subjetividad** como objeto de la ciencia y como método de conocer el mundo, en especial el mundo social. En consecuencia, niega la esencia de las cosas – debido a su supuesta inmaterialidad- y tiende a utilizar la **inducción** – es decir, la **generalización** sobre la base de los **rasgos comunes reiterados** y **observables**- como método para establecer las regularidades causales de los fenómenos estudiados.

El modelo Fenomenológico

Este modelo refiere, en esencia, que existen realidades cuya objetividad es imposible de verificar empíricamente y que hay

---

[1] Corral Ruso, Roberto, "Historia de la Psicología: Apuntes para su estudio." Editorial Félix Varela, La Habana, 2003, páginas de la 84 a la 88.

ciencias –como la Psicología y la Historia- que no pueden prescindir de la subjetividad como objeto del saber. El propósito de estas ciencias es *comprender* los eventos humanos, es decir, buscar la *significación* que tales acontecimientos tienen para los sujetos que intervienen en ellos. Por tanto, la *veracidad* de ciertos conocimientos sobre la realidad va a ser siempre *subjetiva*, *interpretativa* y *variable*.

El modelo Materialista Dialéctico

El episteme Materialista Dialéctico postula que la realidad social comprende lo objetivo y lo subjetivo como dimensiones *coexistentes*, *contradictorias* e *interrelacionadas en un proceso de cambio permanente*. Ningún acontecimiento humano es, de por sí y para siempre, absolutamente objetivo o subjetivo. El mundo social tampoco es algo dado en su materialidad o subjetividad, sino construido por el hombre. Así, todo lo que este va haciendo en la realidad objetiva –desde la fabricación de objetos hasta la creación de relaciones con otros hombres- "le pasa primero por la cabeza"; pero también todo lo que hace en ese mundo le transforma constantemente la manera de sentir y de pensar.

Rasgo distintivo de la epistemología Materialista Dialéctica es el descubrimiento de la esencia material de los fenómenos mediante el *método de ascenso de lo abstracto a lo concreto*, o sea, partiendo de la realidad concreta percibida sensorialmente, identifica –mediante la abstracción analítica- los rasgos esenciales de sus componentes particulares y luego sintetiza esas múltiples determinaciones en un concepto concreto general, reflejo en el pensamiento de la esencia material del objeto. De ese modo obtiene una visión completa del fenómeno estudiado la cual comprende tanto la diversidad de sus manifestaciones como sus vínculos internos esenciales. El carácter relacional e integrador de la epistemología Materialista Dialéctica exige el uso de *categorías dialécticas.*

3

A partir de estos postulados, el científico no puede ser neutral en la investigación de los fenómenos sociales, pues sus ideas políticas, religiosas, morales, etc., condicionan su manera de entender y valorar los resultados investigativos. Tampoco le es posible suprimir la subjetividad de las personas que intervienen en los hechos que son objeto de investigación, pues las formas de pensar de esos sujetos condicionan sus actuaciones en el mundo, es decir, son "causas" a ser tenidas en cuenta pues modifican objetivamente la realidad.

La Criminología se ha desarrollado fundamentalmente a partir del episteme Positivista o del Fenomenológico. Así, la Escuela Positiva (Lombroso, Ferri), la teoría de la Anomia (Merton), la de la Subcultura Criminal (Cohen), entre otras, se agruparon en torno al modelo Positivista[2]. Fueron características comunes a todas estas:

1. Considerar la criminalidad como una *realidad objetiva dada*, es decir, ya existente en todos los sistemas sociales, por muy diferentes que estos fueran. Se concluyó entonces que se trataba de un fenómeno *ahistórico*, cuyo rasgo "esencial" era el quebrantamiento de la ley penal.

2. Suponer que el comportamiento delictivo estaba *determinado* por causas igualmente *objetivas*, o sea, *verificables empíricamente*; lo cual permitía *explicarlo* y *pronosticar* su desarrollo. En consecuencia, la criminalidad era prevenible si se lograba el *control*, *modificación* o *erradicación* de sus causas.

3. La *supresión de la subjetividad* de los delincuentes en la valoración de sus propios actos. La valoración del

---

[2] "No pocos sociólogos van a querer clasificar las teorías del comportamiento desviado subsumidas bajo las aproximaciones modernas, como aproximaciones "positivistas". Su argumentación básica va a ser de tipo teórico-científico y metodológico, cuya relevancia parcial apenas puede ser negada." Lamnek, Siegfried "Teorías de la criminalidad", Siglo veintiuno editores, 1980, páginas 23.

comportamiento criminal era realizado por el científico, el político, el jurista, etc., cada uno desde sus respectivos puntos de vista.

4. La supuesta neutralidad ideológica y política del criminólogo.

La Etnometodología (Cicourel) y la teoría del Etiquetamiento o Labelling Approach (Lemert) se basaron en el modelo Fenomenológico[3]. Estas corrientes se caracterizaron por:

1. Entender la criminalidad como una *realidad construida subjetivamente*, es decir, en el proceso de interacción entre seres humanos concretos; por tanto, "el crimen" constituía un fenómeno subjetivo variable en cada contexto social[4] aunque seguía siendo considerado, esencialmente, un quebrantamiento de la ley penal.

2. Ubicar las causas de la delincuencia en las *interpretaciones, significados y simbolizaciones* surgidas en el proceso de interacción social. No es posible hacer pronósticos acerca de la evolución del crimen al margen de lo que piensen sus actores y/o los grupos sociales con los que aquellos interactúan.

---

[3] "La asociación y afinidad teórico-científica sociológica metódico-metodológica experimenta su concretización en el Labelling Approach a través de la fenomenología, el interaccionismo simbólico y la etnometodología". Lamnek, Siegfried "Teorías de la criminalidad", Siglo veintiuno editores, 1980, página 88.

[4] Lamnek, Siegfried "Teorías de la criminalidad", Siglo veintiuno editores, 1980, página 84.

3. Tener en cuenta la **subjetividad** del delincuente en la valoración de sus propios actos, lo cual era vital tanto para la explicación de su conducta como para su modificación.

4. *Negar la neutralidad ideológica y política del criminólogo*, así como la "*objetividad*" de su sistema de conocimientos sobre la delincuencia. El saber sobre el crimen –para estas corrientes- es en realidad una construcción artificial sesgada ideológicamente. Es lo que las clases dominantes quieren ver.

Decidimos agrupar todas estas corrientes criminológicas bajo la denominación de Criminología Tradicional o Clásica dado que –no obstante sus indudables aportes- comparten en mayor o menor medida una **visión epistémica distorsionada** de la ciencia social y consecuentemente, de la delincuencia. Esta visión, sin embargo, sigue siendo hoy un modelo a tener en cuenta en la enseñanza de esta disciplina y un referente insoslayable de su quehacer investigativo.

2. Los fallos epistémicos de la Criminología Tradicional.

La Criminología Tradicional o Clásica, en efecto, está lastrada por **problemas epistemológicos** que confunden al lector. Entre ellos encontramos:

2.1. Su carácter unilateral o abstracto.

La Criminología Tradicional desarrolla su teoría y práctica a partir de una conceptuación jurídica del fenómeno delictivo, la cual está desprovista del aspecto social. Puede decirse en tal sentido que la Criminología Tradicional es una ciencia conceptualmente dependiente del Derecho Penal, pues desde los criminólogos clásicos hasta los críticos, el delito ha sido para la Criminología lo que el Derecho Penal ha definido como tal[5].

Se trata de un error epistémico grave, cuya inoperancia explicativa se pone ya de manifiesto al definir la **delincuencia**, concepto central de la Criminología: *"delincuencia es el conjunto de delitos cometidos en un lugar y tiempo dados"*. Esta definición –asumida sin reparos por los diccionarios y por la Criminología cubana[6]- dice bien poco sobre la esencia de la criminalidad como fenómeno social[7]. Y con razón, pues las definiciones del Derecho Penal no están diseñadas para *explicar* la delincuencia, sino para identificar y describir aquellas de sus expresiones que dañen o pongan en peligro intereses sociales jurídicamente tutelados.

Las definiciones jurídicas sobre la criminalidad suelen tener un carácter descriptivo abstracto –similar al de los delitos que aparecen en los códigos penales- y por eso en ellas es usual identificar a delincuentes impersonales, cuya conducta, siempre violatoria de la ley penal, está descrita en función de la afectación que ocasiona al bien jurídico protegido.

Dichas definiciones tienden a dejar fuera del análisis científico aspectos esenciales de la realidad social en la que se mueve la criminalidad objeto de estudio; es decir, omiten referencias a sus comisores concretos, a la cultura o subcultura en la que se insertan, a

---

[5] Este fallo epistémico se originó con la creación del "Modelo Integrado de Ciencia Penal", de acuerdo al cual el Derecho Penal definía qué comportamientos sociales eran considerados delitos, mientras que la Criminología se encargaba de determinar sus causas. En consecuencia, la Criminología ha estado limitada en su desarrollo teórico por el aparato conceptual del Derecho Penal, y por tanto, por su ideología.

[6] "… la criminalidad (cantidad de delito en un espacio social y período de tiempo dados)…" Pérez González, Ernesto, "Psicología, Derecho Penal y Criminología", Ediciones ONBC, 2012, página 187.

[7] Para un análisis crítico-social de la definición jurídica del concepto delincuencia véase a Barral, Fernando: "Una teoría de la delincuencia en el Socialismo", 1995, capítulo I, obra inédita.

los procesos sistémico-causales que los llevan a desarrollar, reproducir y complejizar su actividad delictiva, al carácter de su interacción con el resto de la sociedad, etc. En otras palabras, esas definiciones soslayan la dimensión sociológica y psico-social del crimen.

La unilateralidad de la Criminología Tradicional no se resuelve, como erróneamente se supone, introduciendo los aspectos sociológicos y psico-sociales en el análisis de las causas de la delincuencia, como si las causas fueran un tema independiente del objeto de estudio. Tal suposición conduce a una Criminología internamente incongruente y mecanicista, incapaz de pronosticar el devenir de la delincuencia. Las definiciones sobre el objeto de una ciencia social deben utilizar conceptos que reflejen los aspectos esenciales y concretos de la realidad estudiada, que permitan explicar su estructura, contradicciones y desarrollo reales. Las "causas" son inherentes al objeto, forman parte de su carácter sistémico, de su autorganización, movimiento y desarrollo.

El enfoque penal vale para la respuesta que se dé a los delitos, pero para conocer las *"causas"*[8] es necesario ir a las raíces sociológicas y psico-sociales, lo que permitirá una respuesta más efectiva.

En buena ley, por lo tanto, la Criminología debe abarcar los dos aspectos del delito: el sociológico y el jurídico. Esto significa que debemos esbozar un ***ENFOQUE SOCIAL CONCRETO DE LA CRIMINOLOGÍA***.

---

[8] El término "causas" ha sido criticado por la sociología moderna dada la filiación positivista (naturalista y experimental) del término. En la Criminología Tradicional, el estudio de las causas del delito se identificó con la corriente etiológica, la cual abarcó tanto factores individuales del crimen como factores sociales y psico-sociales.

Aunque la Criminología Tradicional ha sido desarrollada por científicos sociales, los juristas han tenido un rol protagónico en la definición de su objeto de estudio y en la planificación de las políticas de enfrentamiento al crimen. Esto puede significar un sesgo, cuya consecuencia es la ubicación de la Criminología en Cuba entre las Ciencias Jurídicas y no entre las Ciencias Sociales, como en otros países.

2.2. Diversificación y dispersión de su objeto de estudio.

El objeto de una ciencia no es más que aquel fenómeno de la realidad social de cuyo estudio se ocupa esa ciencia. Con el surgimiento de la teoría del Labelling Approach, la Criminología incorporó a su objeto de estudio "los procesos de criminalización secundaria" y posteriormente, con la aparición de los enfoques críticos, "el sistema de control social". Actualmente se reconoce en Cuba y en Hispanoamérica que el objeto de estudio de la Criminología abarca el delito, el delincuente, la víctima y el control social. Esta profusión de objetos de estudio provoca una dispersión y desestabilización de su sistema conceptual.

El objeto de la Criminología debe ocupar un lugar central en el sistema de conceptos de esta ciencia, lo que exige precisión en el lenguaje. De esto se desprende la necesidad de delimitarlo de entre varios conceptos, de significado similar o parecido, pero que no constituyen forzosamente el objeto de la Criminología. Tales son, por ejemplo, delito, crimen y delincuente.

Nosotros definiremos el objeto central de la Criminología como "*DELINCUENCIA*", el que abarca al fenómeno delincuencial en su conjunto, es decir: "los delitos", "los delincuentes", "las víctimas" y "los sistemas de control social", los cuales son conceptos subordinados al de "delincuencia" y no objetos de estudio paralelos o autónomos dentro de la Criminología.

Establecer relaciones de subordinación entre tales conceptos y el objeto de estudio de la Criminología implica que algunos de dichos conceptos adquieran significaciones diferentes y alcances limitados en comparación con los que tienen en otras ciencias. Así por ejemplo, el concepto de *"víctima"* tiene un alcance más reducido en Criminología que en Victimología; algo similar sucede con el concepto de *"sistema de control social"*, cuyo alcance en la Sociología es más amplio que en la Criminología.

Un problema asociado al anterior es que los conceptos que integran los distintos objetos de estudio de la Criminología son **abstractos** y susceptibles de distintas definiciones.

El término *delincuencia,* por ejemplo, existe en el lenguaje corriente y en la Criminología, pero con variadas significaciones –muchas de las cuales son definiciones de diccionario, de carácter abstracto- lo cual anula su valor heurístico. A pesar de ello, lo usaremos como concepto central de esta teoría, pero con un significado específico, unívoco y concreto que evita cualquier posible confusión semántica.

"DELINCUENCIA" es un concepto sociológico en cuanto al universo que denota, y jurídico en cuanto al rasgo común que caracteriza a estos sujetos. Es, en definitiva, un concepto concreto, que conserva, gracias a su dualidad, toda la riqueza del objeto que define. Denota la totalidad del campo de estudio: delincuentes, delitos, víctimas y sanciones, junto con las interrelaciones que se derivan de ellos.

Utilizaremos el término "delincuencia" porque se aplica no solo a un objeto de estudio definido, sino porque éste, por su contenido sociológico, es susceptible de estudio mediante el método científico.

2.3. Confusión entre conceptos y categorías y la exclusión de las "Categorías Dialécticas".

En la Criminología suelen manejarse indistintamente los términos *"conceptos"* y *"categorías"*, como si fueran sinónimos, lo cual constituye un error.

Toda ciencia social dispone de un sistema de conceptos, algunos de los cuales son centrales y constituyen su objeto de estudio. El sistema de conceptos delimita el ámbito de la teoría en cuestión, es decir, el área de la realidad social sobre la que versan sus explicaciones. Por tanto, necesariamente esos conceptos van a tener un ámbito delimitado y significaciones específicas dentro de la ciencia de que se trate.

Algo más complicado son las *"categorías"*. Estas, a diferencia del "concepto" –sea o no el "objeto" de estudio de la ciencia- no tienen un ámbito lógico delimitado. Las "categorías" son conceptos lógicos de ***máxima generalidad***, instrumentales, que "atraviesan" o "transversalizan" el ámbito de los distintos objetos y conceptos. O sea, no son atributos lógicos de éstos sino que los afectan, introduciendo en ellos cualidades que no tenían previamente y que son útiles para su contextualización y análisis lógicos, por eso los llamamos instrumentales.

Las "Categorías Dialécticas", como reflejo de la realidad, tienen un carácter dual, contradictorio e interrelacionado, por ejemplo, lo Abstracto y lo Concreto, lo Lógico y lo Histórico, lo Singular y lo General, la Esencia y el Fenómeno, etc.

La Criminología Tradicional no incluye en su aparato epistémico las "Categorías Dialécticas", de ahí la difícil conciliación metodológica entre sus distintas escuelas o corrientes, y el carácter limitado y poco integrador que presentan sus teorizaciones sobre el objeto de estudio.

2.4. Visión estática del objeto de estudio.

El cuarto error epistémico de la Criminología Tradicional es considerar su *"objeto" como algo estático*, no sujeto al movimiento de los grupos, clases y sociedad.[9] Esto la ha conducido a que sus postulados se presenten como abstractamente universales.

Le falta su momento de vinculación con la historia, o dicho de otro modo, es un concepto "ahistórico": hace caso omiso de si el delito, por ejemplo, ha ocurrido en tal o más cual época histórica. Podemos decir que está "fuera" de la dinámica de las clases sociales. Mientras la Criminología siga siendo una ciencia estática, ahistórica, no llegará a explicar el movimiento real de su objeto de estudio, es decir, seguirá siendo una pseudo-ciencia, o al menos, una ciencia lastrada por graves limitaciones explicativas. Los conceptos criminológicos, al igual que los procesos materiales que reflejan, tienen lugar en un contexto histórico, en las clases en movimiento, en el devenir histórico-social, y no escapan a su desarrollo.

En cada fase histórica y en cada clase social, existen variadas concepciones de la Delincuencia, de sus formas particulares y de sus respectivos procesos causales, que evolucionan de acuerdo con la aparición y desarrollo de las clases en las diferentes sociedades. En cada una de estas sociedades, la criminalidad adquiere características propias, es decir, se rige por regularidades específicas, propias de esa

---

[9] La visión estática del "objeto" de estudio de la Criminología viene del predominio en esta ciencia de un enfoque particular de explicación de la realidad, conocido como "Factor Approach", que concibe el objeto de estudio como una "cosa", es decir, tal como el científico lo ve en abstracto, con fines analíticos. Como resultado, el objeto es privado del movimiento que le es inherente en la vida real. La "cosificación" del objeto de estudio –propio del episteme Positivista- implica también que sus causas sean vistas como "algo" externo, sin vinculación orgánica con él.

sociedad (leyes económicas, fundamentalmente, y también sociológicas, jurídicas, políticas, etc.)

2.5. Abstraccionismo territorial.

La Criminología Tradicional ha sido portadora también, como disciplina, de explicaciones teóricas caracterizadas por su *abstraccionismo territorial*, es decir, sus conceptos no precisan a qué país o región corresponden las características dadas, como si la delincuencia fuera igual en todas partes.

Un enfoque territorial de la Criminología debe referirse a un país o región determinados, a un estado determinado, a una clase social igualmente determinada y a una DELINCUENCIA, o DELINCUENCIAS, propia de ese país, con leyes y costumbres propias de ese país y, eventualmente, del grupo social a que pertenece. Dicho en otras palabras, la Criminología tiene que ser una ciencia territorial concreta.

Así pues, la Criminología Tradicional ha sido:

1. Una ciencia dependiente del Derecho Penal (Penalista).
2. Confusa en cuanto a su objeto de estudio.
3. Ahistórica.
4. Aterritorial (abstraccionismo territorial).

A esta Criminología se le debe oponer una Criminología que corrija, por lo menos, estos cuatro errores epistemológicos.

Debe ser, por lo tanto, una Criminología que se caracterice por los siguientes rasgos:

1. Concreta: abarcando el aspecto social y el jurídico.
2. Conceptualmente clara en cuanto a su objeto de estudio.
3. Con un enfoque histórico.
4. con un ámbito territorial definido, o sea: vinculada a un país, una clase y, eventualmente a un grupo social dados.

II. Conceptos Generales Transdisciplinarios de las Ciencias Sociales y Categorías de la Dialéctica.

En Criminología es necesario utilizar **Conceptos Generales Transdisciplinarios** que son propios de las ciencias que estudian la vida social (Historia, Antropología, Sociología, Psicología, Economía, etc.) Como su nombre lo indica, estos conceptos no son privativos de una u otra disciplina social, sino que se aplican a todas ellas y a diferencia de las *Categorías Dialécticas,* su generalidad queda limitada al mundo social. Los *Conceptos Transdisciplinarios* no sustituyen a las *Categorías Dialécticas* sino que facilitan su aplicación en un campo más específico del saber. Al igual que las *Categorías Dialécticas*, varios de estos conceptos actúan en pares opuestos y complementarios.

1. Conceptos Generales Transdisciplinarios

Algunos de los Conceptos Transdisciplinarios de las ciencias sociales son: **base económica y superestructura**, **lo social y lo jurídico**, **lo material y lo ideológico**. Son Categorías Dialécticas: **lo singular y lo general, lo abstracto y lo concreto, lo lógico y lo histórico**, entre otras.

Tanto las *Categorías Dialécticas* como los *Conceptos Transdisciplinarios* se aplican a los distintos componentes del objeto de estudio de la Criminología: delito, delincuente, víctima y sistema de control social. Veamos un ejemplo de cómo funciona la aplicación de los *Conceptos Generales Transdisciplinarios*.

El *delito*, en tanto uno de los conceptos centrales del Derecho Penal, es un fenómeno que forma parte de la *superestructura* de la sociedad. Esto significa que está sujeto a condicionamientos éticos, religiosos, filosóficos, entre otros. De manera especial, está relacionado con políticas de Estado (Política Penal), con una teoría que le otorga coherencia y legitimidad (la Dogmática Penal) y con un sistema de instituciones que garantizan la aplicación de la ley (Sistema de Justicia Penal.)

Sin embargo, el *delito* también está referido a relaciones sociales de carácter parasitario y/o violento, a partir de las cuales muchas personas –individualmente o agrupadas- se ganan la vida, comercializan bienes y servicios, consumen, etc.; es decir, está conformado por actividades que integran la base económica de la sociedad. Esto significa que el *delito* -como *fenómeno económico*- tiene sus propias formas de organización, resortes causales, tendencias de desarrollo, etc., o sea, su relativa autonomía, y genera, a su vez, *su propia superestructura* de valores e ideas, usualmente en contradicción con el resto de la sociedad.

El mismo análisis puede hacerse con el resto de los conceptos transdisciplinarios mencionados: *lo social y lo jurídico, lo material y lo ideológico.* Su aplicación irá develando diferentes perspectivas y matices *interrelacionados* de cada concepto criminológico estudiado. Por ejemplo: *Lo social* del *delito* está dado en sus aspectos sociológicos, psico-sociales, psicológicos, antropológicos, etc.; en tanto *lo jurídico* del *delito* remite a cuestiones de definición legal, doctrina penal, penalidad, entre otras.

De igual modo, *lo material* del *delito* está dado en el universo de relaciones objetivas que conforman su existencia (el fenómeno delincuencial como tal) y su enfrentamiento (la reacción social y estatal). *Lo ideológico*, a su vez, está constituido, por un lado, por el mundo subjetivo de los delincuentes, y por el otro, por las ideas, criterios, valoraciones, discursos, etc., de la sociedad y el Estado en relación con el fenómeno delictivo y las leyes penales.

Y así, sucesivamente, con el resto de los componentes del concepto *delincuencia*.

Vale acotar que este enfoque difiere del carácter *inter* o *transdisciplinario* que se le atribuye a la Criminología como ciencia. La *transdisciplinariedad* se ha aplicado en la Criminología Tradicional en el plano *explicativo-causal*, es decir, en el plano de los factores que producen el delito, no a nivel de objeto de estudio, el cual ha permanecido monopolizado por el Derecho Penal.

Veamos ahora como se aplican las *Categorías Dialécticas* a los conceptos criminológicos.

2.   Categorías Dialécticas

2.1. Lo singular y lo general.

En la Criminología Tradicional es frecuente referirse a "el delito", "el delincuente", "la víctima" y "el sistema de control social" con un término en singular, aun cuando su significado puede ser tanto singular como plural. Conviene detenerse en este tema por las diferentes implicaciones que tiene en el lenguaje corriente y en el científico.

En el habla popular -y también en instancias oficiales- es común que un término singular como "*el delito*", por ejemplo, esté referido a una cifra estadística, a un delito en especial o a una pluralidad de ellos. También es usual que el plural "*los delitos*" no denote otra cosa que un grupo de hechos o infracciones legales, sin mayores especificaciones. Esta situación lo único que refleja es la inexactitud y ambigüedad propias del habla popular. Sin embargo, la comprensión de estos términos cambia cuando se trata del lenguaje científico.

En el Derecho Penal un término singular puede ser expresión tanto de un rasgo único e irrepetible de un fenómeno delictivo, como de un rasgo esencial propio de un conglomerado de ellos. A su vez, la mera pluralidad implícita en un término singular no denota forzosamente, de manera expresa, la existencia de un concepto general. Así, el término "delito", por ejemplo, puede estar referido a un hecho delictivo concreto (*lo individual*), a una figura delictiva específica (*lo particular*) o al concepto general de delito (*lo general*). Nótese que cada una de estas denotaciones tiene distintos grados de generalidad y por tanto, contenidos diferentes.

En la Criminología sucede algo similar. El término *delincuencia*, por ejemplo, puede referirse al acto criminal de una persona (*lo individual*), a los actos de violencia económica de un grupo de funcionarios pertenecientes a una organización estatal específica (*lo particular*), o a las características esenciales de las acciones delictivas que cometen todos los delincuentes de una región, ciudad o sociedad (*lo general*). También aquí el contenido de cada una de estas dimensiones criminológicas varía considerablemente.

Lo anterior pone de manifiesto el cuidado que ha de tenerse con la utilización de términos de significación ambigua en el lenguaje científico. Lo mejor es que se usen términos que se correspondan con el nivel que designan, de modo que el singular denote *lo individual*, mientras lo plural denote *lo particular* y/o *lo general*. Así se evitarían

17

confusiones y reduccionismos conceptuales entre los distintos niveles de la realidad social que se estudia, se trate ya del Derecho Penal o de la Criminología.

Es importante distinguir los distintos niveles que conforman el objeto de estudio de la Criminología. Saber transitar de *lo individual* a *lo general* permite conocer cuáles son las relaciones más contradictorias y extendidas que determinan –en última instancia- el movimiento y tendencias de desarrollo de la criminalidad o de sus formas de enfrentamiento en una sociedad dada. Estas relaciones más profundas, quintaesenciales y de mayor fuerza condicionante, están ubicadas en el nivel general del objeto de estudio.

El uso de *Categorías Dialécticas* en la Criminología produce conceptos exclusivos de esta ciencia, los cuales reflejan los rasgos distintivos de los niveles de constitución de su objeto de estudio. Ahora bien, como el objeto de estudio de la Criminología –la delincuencia- se inserta orgánicamente en diferentes escenarios de la vida social, reflejados estos en los Conceptos Generales Transdisciplinarios, el resultado de la aplicación de las categorías "lo Individual" y "lo General" es un **sistema de conceptos criminológicos concretos** articulados jerárquicamente, según su **grado de generalidad**, en torno al concepto **delincuencia**. Veamos los siguientes ejemplos, a los cuales lo único que hay que hacer es situarlos en un espacio social y temporal específicos, digamos, Cuba en los años de 1990 al 2011:

- *"delincuente marginal"*: este concepto *concreto* denota el **nivel individual** del concepto *"delincuente"*. Al mismo tiempo representa *lo individual* en el ámbito **social, económico, material** y **subjetivo** de la criminalidad. En otras palabras, el concepto **delincuente marginal** hace referencia a un tipo de individuo cuya forma de pensar, valores, creencias, actitudes y modo de subsistencia son expresión de un sistema de relaciones sociales y económicas marcadas por la marginalidad y la violación de la ley.
- "criminalidad marginal": este concepto concreto denota el

nivel particular del concepto "delito". Representa lo particular en el espacio social, económico, material y subjetivo de la delincuencia. El concepto de criminalidad o delincuencia marginal se refiere a las actividades delictivas cometidas por un grupo social cuyas condiciones de vida, relaciones económicas y formas de conciencia social están caracterizados por la marginación y automarginación.

Nótese que no es lo mismo *la delincuencia marginal* que *el delincuente marginal*, aún y cuando el segundo forma parte inseparable de la primera. Dentro del fenómeno delictivo como totalidad (lo General), el concepto *delincuencia marginal* representa *lo Particular*, es decir, una de sus formas particulares de existencia, mientras el de *delincuente marginal* representa *lo Individual*, o sea, una de las expresiones singulares de esta última.

- "Reacción penal contra la delincuencia marginal": Como concepto concreto denota el nivel particular del concepto "sistema de control social". Representa lo particular en el ámbito superestructural, jurídico, material y subjetivo de la delincuencia. En esencia está referido al tipo específico de organización punitiva-institucional adoptada por el Estado contra la delincuencia marginal. Sus rasgos distintivos son la severidad y la segregación. Incluye desde políticas específicas de enfrentamiento policial, judicial y penitenciario, hasta la preparación ideológica y técnica de los operadores del sistema penal.

Este concepto, a su vez, puede desglosarse en conceptos más específicos pero igualmente concretos, como por ejemplo: ideología policial sobre la delincuencia marginal, ideología penitenciaria sobre el delincuente marginal, política penal judicial contra la criminalidad marginal, y así sucesivamente. Estos conceptos, además de estar interrelacionados, poseen también su dimensión económica, social, material, etc., dentro de las cuales se expresa lo Individual y lo General, es decir, son transversalizados tanto por los Conceptos Generales Transdisciplinarios como por las Categorías Dialécticas.

Del mismo modo que no deben confundirse los niveles de la realidad objetiva, tampoco deben confundirse los conceptos que los reflejan. Un ejemplo claro de esta confusión y reduccionismo conceptual fue la Criminología Soviética, cuya filiación al Positivismo la llevó a negarle valor y realidad a los conceptos concretos generales[10].

Privar de valor gnoseológico a los conceptos concretos generales, es dejar de lado el conocimiento de las esencias y contentarse con las apariencias, con las manifestaciones externas individuales, es decir, con lo que Marx llamaba "la apariencia engañosa de las cosas".

De hecho, muchas veces la Ciencia ha considerado "lo particular" como "general"[11]; al negar el valor objetivo de los conceptos generales, escamoteando así el plural, se renuncia a la esencia de la Dialéctica de Marx, es decir, al carácter material de los conceptos teóricos. Estos han sido desarrollados mediante el método de conocimiento que asciende de lo individual a lo general y de lo abstracto a lo concreto.

El reemplazo de la generalización por la operación aritmética de adición conduce, en vez de a un concepto general concreto, a un estadígrafo, un sustantivo colectivo.

---

[10] Barral Arranz, Fernando, "Una Teoría de la Delincuencia en el Socialismo", 1994, inédita, página 11.

[11] Ilyenkov, E.V. "The dialectic of the abstract and the concret in Marx's Capital". Editorial Lenguas Extranjeras, Moscú, 1982, pp. 48.

2.2 Lo Abstracto y lo Concreto.

Si **lo Concreto** es la integración de lo diverso, **lo Abstracto** es su desintegración y aislamiento en y por la mente. Este par de Categorías Dialécticas transversaliza *lo Individual* y *lo General*, de modo que no debe incurrirse en el error de creer que lo Concreto es lo Individual y lo Abstracto es lo General.

Los conceptos concretos pueden estar referidos a fenómenos singulares, particulares o generales. Por ejemplo, dentro del universo delincuencial, el concepto *"delincuente marginal"* es concreto singular en tanto designa a un tipo de hombre como realidad material, objetiva y observable, pero no solo por eso, sino porque ese hombre sintetiza en su persona aspectos psíquicos, psico-sociales y sociológicos específicos, también materiales y objetivos. Con esta clasificación suelen estar de acuerdo los científicos y la mayoría de las personas.

Las discrepancias surgen cuando se le da el calificativo de *concreto* a un concepto general, digamos, por ejemplo: *delincuencia parasitaria violenta*. Para el observador común y corriente, este concepto es abstracto, porque no lo asocia a una entidad tangible y observable, es decir, porque para *concebirlo* necesita *abstraerse* de una diversidad de formas específicas de delincuentes y acciones delictivas directamente observables. El error en el que incurre ese observador es creer que el resultado de la abstracción es forzosamente abstracto.

Conviene aclarar en este punto que la abstracción es un método de conocimiento de la realidad. Con él se puede conocer el mundo más allá de lo que permiten los sentidos. El problema está en dar por sentado que las partes mentalmente separadas de un objeto material existen en la vida real tal y como se definen en nuestra conciencia. Cuando eso sucede estamos en presencia de "conceptos abstractos" o "metafísicos". Ejemplos de este tipo de conceptos son: crimen, delincuente, víctima, conciencia delincuencial, represión, etc. Nótese que ciertamente son *conceptos generales* pero no son *concretos*.

Para evitar caer en la trampa pseudo-realista del concepto abstracto, el científico tiene que utilizar el método de ascenso de lo concreto sensible a lo abstracto y de este a lo concreto pensado. (Marx).

Lo Concreto y lo Abstracto también se aplican a los Conceptos Generales Transdisciplinarios como ya se ejemplificó en el análisis de lo Individual y lo General.

2.3. Lo Histórico y lo Lógico.

Este par de Categorías Dialécticas refleja la correlación que existe entre las fases de desarrollo de un fenómeno (lo Histórico) y su estructura actual (lo Lógico). Dicho de otro modo, las fases esenciales del desarrollo de un fenómeno están presentes en su actual estructura como partes interrelacionadas de un sistema. Esta correlación se puede constatar tanto en Biología (estudio de embriones) como en Sociología (estudio de sistemas sociales), entre otras ciencias.

Dos cuestiones son importantes a tener en cuenta con este par de categorías:

a) en el desarrollo de un fenómeno social, los procesos más complejos y últimos en aparecer se convierten en causas de los más simples y precedentes. Puede decirse que las consecuencias (no cualquier tipo de consecuencia, sino las más extendidas, complejas y permanentes) terminan por condicionar a sus causas originarias.

b) En la reproducción actual de un sistema social, las partes más complejas condicionan con más fuerza a las más simples, de modo que estas últimas suelen jugar roles subordinados dentro del funcionamiento del todo.

¿Cómo se aplica lo anterior a la criminalidad? Veamos dos ejemplos.

Las formas de delincuencia existentes en sistemas sociales como el esclavismo y el feudalismo –por ejemplo, la *delincuencia violenta* de esclavos, siervos de la gleba y clases explotadas en general- fue cediendo su lugar, con la entronización del capitalismo, a formas más complejas y extendidas de criminalidad como la de tipo *económica,* la cual existió en épocas antiguas pero no con el carácter y grado de desarrollo que tiene en la actualidad. Esto no significa que la *delincuencia violenta* haya dejado de existir con el capitalismo, sino que no es la mayoritaria ni la más representativa de ese sistema. La *delincuencia violenta* se ha ido subordinando cada vez más a finalidades económicas, de lo cual son un claro ejemplo las mafias o crimen organizado.

En Cuba tenemos otro ejemplo en el desarrollo de las formas particulares de la delincuencia económica[12]. La criminalidad marginal y la ocupacional, al mercantilizarse, es decir, al crear un mercado negro, originan un tipo especial de delincuencia, que es la denominada *mercantil,* la cual, por las funciones económicas que desempeña, es mucho más compleja que el crimen meramente apropiativo. La criminalidad mercantil, al regir el mercado ilegal, llega a direccionar y darle sentido a las formas de criminalidad que la precedieron. Dicho en otras palabras, la delincuencia marginal y ocupacional, sin dejar de existir por sí mismas, terminan trabajando – como tendencia de desarrollo- en función de la delincuencia mercantil. Lo que se observa es la progresiva conformación de un sistema delincuencial organizado en torno al mercado negro.

---

[12] Barral, Fernando, "Una teoría de la delincuencia en el Socialismo", inédito, 1994.

A nivel teórico, la aplicación de este par de Categorías Dialécticas nos da una visión dinámica y estructuralmente cambiante del sistema de conceptos concretos de la Criminología. Es lógico que sea así, si se quiere que la teoría criminológica refleje el movimiento real y los procesos de transformación estructural de la delincuencia. En otras palabras, la teoría tiene que estar tan *"viva"* como lo está su objeto de estudio en la vida real.

En resumen, la aplicación de las Categorías Dialécticas al objeto de estudio de la Criminología nos ofrece lo siguiente:

a) ***Lo Singular*** y ***lo General***: permiten que el sistema de conceptos de esta ciencia refleje los aspectos esenciales y fenoménicos de la criminalidad.

b) ***Lo Abstracto y lo Concreto***: permiten reflejar a nivel teórico la naturaleza concreta del fenómeno delincuencial, tal como existe en la vida social.

c) ***Lo Histórico y lo Lógico***: dotan a la teoría de dinamismo y flexibilidad para reflejar la correlación entre el desarrollo y la estructura reales de la delincuencia en cada fase de su evolución histórica.

III. Paradigmas criminológicos.

De acuerdo con Tomas S. Kuhn, un paradigma es una *"...constelación de creencias, valores, técnicas, etc., que comparten los miembros de una comunidad dada"*[13]. Un paradigma científico, por tanto, es más que una teoría; es un modo de hacer ciencia al que se afilia una comunidad de estudiosos de una o varias ramas del saber. Los modelos epistemológicos expuestos al inicio de esta obra son un claro ejemplo de paradigmas científicos.

Ahora bien, ¿existen paradigmas criminológicos?

1. Criminología Clínica

Sí, sin lugar a dudas. En el siglo XIX, principalmente en Italia y Alemania, cristalizó el "Modelo Integrado de Ciencia Penal", un esquema de organización de saberes científicos y prácticas institucionales orientado al control y enfrentamiento de la delincuencia. Ese Modelo Integrado –vigente en Europa hasta la década del 60 del siglo XX- se formó sobre la base del episteme Positivista y suponía un quehacer criminológico específico y oficializado, el cual tomó cuerpo en teorías biológicas, genéticas, psiquiátricas, psicológicas, y también, en menor medida, de tipo sociológicas.

La Criminología desarrollada dentro de ese modelo se conoció como *Criminología Clínica* y puede considerarse como el primer paradigma criminológico. Algunos de sus rasgos más distintivos fueron los siguientes:

---

[13] Thomas S. Kuhn: *La estructura de las revoluciones científicas*. PDF. 2003, página 269. http://www.inicia.es/de/diego_reina/contempo/tskuhn/capitulo_v.htmal

- Su objeto de estudio era definido por el Derecho Penal, por tanto, limitaba sus análisis a aquellos comportamientos expresamente prohibidos por la ley penal.
- Partía del supuesto axiomático de que la sociedad no generaba la delincuencia; es decir, el crimen no se concebía como un *fenómeno social* tal como se entendió luego por la Sociología de la Desviación. Para los criminólogos clínicos, lo social del delito consistía en que este tenía lugar en la sociedad, pero no a causa de ella. Esto no impidió, con el desarrollo posterior de análisis sociológicos, proponer reformas de los "micromedios sociales nocivos", considerados un factor desencadenante de la conducta delictiva.
- Su misión era detectar, explicar y tratar las causas de la conducta delictiva, es decir, tenía una *orientación etiológica y correccional*. Sin embargo, al considerar que las causas del delito se hallaban en el hombre que lo cometía, la orientación etiológica-correccional se centraba en el delincuente. Dicho en otras palabras, el crimen era entendido como un *fenómeno individual.*
- Tuvo como objeto preferente de estudio y tratamiento la *delincuencia de pobres* (marginal).
- El criminólogo, como científico, era considerado ideológica y políticamente neutral, o dicho en otras palabras, un defensor del sistema social.

Como se puede apreciar, la *Criminología Clínica* se desarrolló como una ciencia dependiente y subordinada al Derecho Penal, por lo que no es de extrañar que también adoptara su ideología (La Defensa Social). Las reminiscencias de este paradigma criminológico se pueden apreciar todavía hoy en nuestro país tanto en el nivel teórico de la Criminología como en su praxis institucional.

Frente al paradigma de la Criminología Clínica se fue erigiendo en los EE.UU, entre los años 30 y 40 del siglo XX, otro paradigma que tuvo por eje el concepto de *desviación social*: la Sociología de la Desviación.

2. La Sociología de la Desviación.

Poner el acento en el concepto de *desviación social* produjo un cambio decisivo en el modo de hacer y concebir la Criminología. El hecho de denominarse *Sociología de la Desviación* indicaba ya una radical diferenciación con la Criminología Clínica europea. Dentro del nuevo paradigma se gestaron la Escuela Ecológica de Chicago, la Subcultura Criminal, la Asociación y Organización Diferenciales, el Estructural Funcionalismo, la Anomia, el Interaccionismo Simbólico, la Etnometodología y el Labelling Approach, entre otras corrientes.

El paradigma desviacionista se caracterizó por lo siguiente:

- Su objeto de estudio no estaba delimitado por el Derecho Penal, sino por las *normas sociales mayoritariamente aceptadas*. El desviado, por tanto, no era necesariamente un delincuente, aunque podía serlo.
- La desviación era considerada un *fenómeno social*, es decir, era producida por la estructura y el funcionamiento de la sociedad.
- La desviación no era una patología social, sino una forma de *organización social diferente* a la mayoritaria. El desviado no nacía, sino que se convertía en tal como consecuencia de su inserción en una subcultura delincuencial, o por su contacto frecuente con modelos criminales o desviados, o porque así era catalogado por la cultura dominante, o porque no lograba triunfar en la carrera por el éxito. Dicho de otro modo, el desviado era un fracasado, alguien que no había sabido cómo aprovechar las oportunidades de éxito que brindaba el sistema social.
- Estudió tanto la delincuencia de pobres como la de los poderosos (White Collar Crime), así como otras formas de conflicto social no criminalizadas por el Derecho Penal.

- Sus propuestas de solución a la desviación abarcaron desde el tratamiento psicológico hasta el reajuste de la organización institucional, económica y política del sistema social.
- El sociólogo de la desviación es visto como un reformador social.

3. Criminología Radical o Crítica

El tercer paradigma criminológico es conocido como *Criminología Radical o Crítica*, y fue el resultado de la agudización del conflicto clasista dentro del capitalismo y de la radicalización política de la Izquierda. Este paradigma, surgido en los años 70 en los EE.UU, hunde sus raíces teóricas en el Labeling Approach, la Fenomenología y en el Marxismo. Sus características más sobresalientes son:

- Considera que la delincuencia y la desviación son fenómenos sociales generados por el antagonismo clasista. Concretamente, los mecanismos de dominación de las clases hegemónicas son los que producen la criminalidad.
- Su objeto de estudio es el sistema de dominación de clases, específicamente, el sistema de control social del Capitalismo. La delincuencia es estudiada como parte inalienable del sistema de control punitivo del Estado capitalista.
- Implícitamente, ve en la delincuencia una forma de rebeldía no articulada políticamente.
- Denuncia a la Criminología tradicional como una ciencia que legitima la dominación de clases y que busca en el delincuente el chivo expiatorio de las desigualdades e injusticias sociales.
- Presta especial atención a la criminalidad de los poderosos (White Collar Crime, Delincuencia Económica, Corrupción Administrativa, etc.)
- Sus propuestas de solución al problema delincuencial giran en torno a la mínima intervención del Derecho Penal, el respeto a las garantías ciudadanas y a los derechos humanos. Como último recurso propugna la revolución social.
- El criminólogo es considerado un defensor de los derechos

humanos, un revolucionario.

Los paradigmas criminológicos coexisten en las diferentes comunidades científicas del mundo moderno. El predominio de uno u otro paradigma criminológico no depende solo del grado de desarrollo científico alcanzado, sino también de los intereses políticos y económicos de los grupos gobernantes, así como del nivel de agudización de la lucha política en la sociedad de que se trate.

En la ex –Unión Soviética, y en general en todo el bloque socialista de Europa del Este, predominó el paradigma criminológico clínico[14]. Tuvo como peculiaridad que adoptó la fraseología marxista para explicar la criminalidad.

En Cuba, muy influida académicamente por la URSS, también primó durante los años 70, 80 y 90 el paradigma criminológico clínico. Después de la caída del campo socialista se han acogido como referentes –con modificaciones adaptativas al contexto cubano- teorías sociológicas propias del paradigma de la desviación[15], como por ejemplo, la Teoría de la Anomia de Robert K. Merton, la Teoría de las Subculturas Criminales de Albert Cohen, y más recientemente, en medio de la lucha contra la corrupción administrativa, la conceptuación de Edwin Sutherland sobre el Delito de Cuello Blanco.

---

[14] Para un análisis crítico detallado del paradigma criminológico clínico soviético véase a Barral, Fernando, ob. cit., p.p. 3 a la 17.

[15] Adoptar postulados de una teoría o un grupo de teorías en particular no significa que se acoja el paradigma criminológico en el que aquellas surgieron. No es posible afirmar que en Cuba predomina el paradigma de la desviación, sino más bien una combinación –epistémica y teóricamente confusa- de rasgos del paradigma clínico y del de la desviación.

IV. Clases y delincuencia.

La delincuencia, y por tanto, la definición criminológica que la refleja y estudia, evolucionan de acuerdo con la aparición y desarrollo de las diferentes clases sociales.

Con cada clase social que irrumpe en el escenario histórico, hace su aparición una o varias formas de delincuencia. Esta irrupción no es repentina, como no es repentina la aparición de una nueva clase. Surge gradualmente, en la medida en que la nueva clase "de que se alimenta" se va desarrollando y fortaleciendo.

Este desarrollo de la nueva clase se va produciendo en desmedro de la anterior forma de delincuencia, que, así, va decayendo paralelamente hasta casi desaparecer.

Por ejemplo:

En las sociedades clásicas de la antigüedad mediterránea (Grecia y Roma) las principales clases sociales eran los esclavistas y los esclavos. Las leyes penales dictadas por el Estado -Leyes de Dracón en Grecia y la Ley de las XII Tablas en Roma, por solo citar las más conocidas- prescribían como delitos actos contra la propiedad privada, la vida, la religión y el estado.

La delincuencia era violenta y depredativa, fuese ya realizada con fines políticos, religiosos o patrimoniales, pero con caracteres distintivos para cada una de estas clases. Así, los miembros de las clases esclavistas solían tomar parte de los complots palaciegos (que incluía asesinatos, extorsiones y agresiones físicas) y en los "golpes de Estado" (delincuencia política) y también expoliaban física, sexual y patrimonialmente a las clases subalternas(lesiones, homicidios, abusos sexuales, extorsiones, daños, privaciones de libertad, etc.)

Por su parte, los esclavos –considerados en Roma instrumentos parlantes- cometían hechos contra la propiedad de sus amos (daños, robos, muerte y lesiones a otros esclavos) y principalmente, hechos contra el orden esclavista mismo: rebeliones, fugas, etc. En determinados momentos de desarrollo de estas sociedades, principalmente en Roma, las rebeliones llegaron a adquirir una dimensión política en tanto se proponían el derrocamiento de los gobernantes, aunque no lo lograsen. (Ejemplo: la sublevación de Espartaco.)

No puede obviarse la existencia de la piratería y bandidaje, cometidos tanto por esclavos prófugos, como por personas libres, esclavistas o no. La guerra de rapiña para hacerse de esclavos no era en sí una forma de delincuencia, sino una relación económica básica del sistema.

No obstante esta diversidad delictiva en el sistema esclavista clásico, los tipos de criminalidad que recibían mayor atención del Estado –por ser las más peligrosas para el sistema mismo- eran las rebeliones de los esclavos (que solían incluir destrucciones masivas de propiedades y vidas) y los atentados contra los gobernantes (el emperador, el senado, los cónsules, etc.), cometidos por miembros de la propia aristocracia, generalmente como vía para redistribuir el poder gubernativo –con las beneficios económicos y políticos que ello implicaba- entre sectores diferentes de la clase esclavista.

Con la caída del Imperio Romano de Occidente colapsó el sistema esclavista clásico, junto con sus clases fundamentales y sus formas específicas de criminalidad.

Con el feudalismo europeo aparecieron dos nuevas clases sociales antagónicas: por un lado estaba la aristocracia feudal, que incluía a los señores feudales y al rey, y por el otro, estaban los siervos de la gleba. La relación económica fundamental fue el vasallaje. De la clase dominante formaba parte la Iglesia Católica, considerada por su poderío económico un señor feudal más, así como un complemento ideológico imprescindible del sistema de dominación.

El feudalismo en Europa se caracterizó por la fragmentación política y –al menos durante mucho tiempo- por la unidad religiosa en torno a la Iglesia Católica. La fragmentación política produjo muchas y muy diversas leyes penales, en tanto la unidad religiosa hizo posible la aparición de un tipo específico de Derecho, el Canónico, con lo cual la criminalidad religiosa adquirió un relieve sin precedentes.

El tipo de delincuencia más relevante cometida por los señores feudales era el alzamiento armado contra el rey (criminalidad política) y la agresión a los feudos vecinos con fines de expansión territorial (criminalidad patrimonial o económica). También incurrían en vejámenes de diversa índole (sexuales, patrimoniales, físicos, etc.,) contra los siervos de la gleba y contra los comerciantes y artesanos.

Por su parte, los siervos de la gleba delinquían mediante rebeliones, fugas e incumplimiento con el régimen de vasallaje; los artesanos y comerciantes organizados en gremios, a su vez, con actos de defraudación mercantil y/o productiva.

El inicio de la vida en ciudades (burgos) dio pie a la inmigración campesina y al consecuente hacinamiento poblacional en condiciones de indigencia, lo cual hizo surgir una criminalidad de subsistencia urbana (robos, estafas, mendicidad, prostitución, proxenetismo etc.,) así como crímenes violentos asociados a la subculturalidad y a la rapiña patrimonial. Aquí aparecen los primeros antecedentes de la criminalidad marginal.

Las revoluciones burguesas europeas pusieron fin a los vestigios del sistema de dominación feudal y a sus clases principales. Con la desaparición de la aristocracia monárquico-feudal y de los siervos de la gleba, la criminalidad de estas clases, así como el derecho penal que las regulaba, también se extinguió.

Con el Capitalismo en ascenso, y en especial con el Capitalismo Monopolista de Estado, toma auge la delincuencia de los poderosos o de cuello blanco, así como la delincuencia empresarial. Estas formas de criminalidad son propias de la clase capitalista y de su oligarquía transnacional, y se desarrollan a partir de la misma lógica reproductiva del sistema capitalista. Su expansión expresa la contradicción creciente entre el interés privado y las necesidades de regulación estatal de la economía.

Concomitantemente existe la delincuencia de las clases bajas o delincuencia marginal, que ya se insinuaba en el feudalismo, pero que se entronizó como rasgo inherente de la sociedad capitalista con el desarrollo industrial y la progresiva depauperación del proletariado. La forma más compleja y evolucionada de la delincuencia marginal es el crimen organizado.

Una característica peculiar de la delincuencia en el Capitalismo es que los criminales de las clases altas y los de las bajas, en la medida que organizan y expanden sus negocios delictivos, tienden a establecer alianzas entre ellos y con las élites gubernamentales, a partir de la identidad esencial de sus intereses económicos y políticos. Estas alianzas contribuyen a consolidar y legitimar la delincuencia, al fin y al cabo sinérgica con el sistema capitalista. De igual modo, conducen a la criminalización del propio Estado capitalista.

Junto a estas formas principales de criminalidad del Capitalismo existen también modalidades intermedias, como es la criminalidad ocupacional –denominada por algunos criminólogos "falsa delincuencia de cuello blanco" o "delincuencia de cuello azul"- cometida por la empleomanía obrera o de clase media en las empresas públicas y privadas. La criminalidad ocupacional se expande sistémicamente con la inevitable burocratización que viene asociada con la intervención del estado en la regulación de la economía capitalista.

Todas estos tipos de criminalidad –con independencia de su origen clasista- tienen un contenido económico y diferentes grados de violencia.

En las sociedades socialistas surgidas durante el siglo XX en América Latina, Asia y Europa del Este –llamadas por algunos autores sociedades del "Socialismo Real"- también aparecieron formas específicas de criminalidad asociadas a los diferentes grupos, estamentos y clases sociales que conformaron esos sistemas.

En Cuba, por ejemplo, la delincuencia marginal ha sobrevivido y se ha desarrollado a partir de la población lumpenproletaria y marginal que nos legó el capitalismo con el triunfo de la Revolución. Si bien es cierto que nuestro sistema socialista no genera este tipo de grupo social, su reproducción no ha podido ser evitada por los programas sociales y preventivos del país. Su delincuencia específica –violenta y parasitaria- lejos de disminuir, se recrudece con la represión penal y las estancias en prisión. La criminalidad marginal en Cuba –como mismo en la extinta URSS y en otros países socialistas- también tiende a especializarse, organizarse y mercantilizarse. Su desarrollo no es sinérgico con la sociedad socialista, aunque parece ser una consecuencia inevitable de su burocratización, dada la disfuncionalidad que esta provoca en la economía y en los programas de prevención social.

El otro tipo de delincuencia del Socialismo es la ocupacional, de origen obrero. Tiene carácter económico y consiste principalmente en desvíos de recursos y aprovechamiento lucrativo de los cargos. La expansión de este tipo de criminalidad, que también transita por la especialización, organización y mercantilización, se asocia al ineficiente control económico, la burocratización administrativa y la consecuente falta de participación de los trabajadores en la dirección y control de las entidades del estado. Tampoco es sinérgica con el sistema socialista y conduce finalmente a su destrucción. En fases avanzadas de su desarrollo, como sucedió en la Unión Soviética, la criminalidad ocupacional es utilizada por los estamentos dirigentes corruptos para acumular capital y asegurar la transición hacia el capitalismo como empresarios privados.

Existe, como vemos, una estrecha relación entre clases sociales y delincuencia.

Por esta razón, no puede hablarse simplemente de una forma dada de delincuencia, como "el objeto central de la Criminología". Esta expresión tiene validez en el marco de una sociedad dada, para la cual efectivamente esa forma de delincuencia es la dominante y por tanto, es el objeto central de la criminología; o sea, cuando una nueva clase accede al poder, esta nueva clase es portadora de una forma particular de delincuencia. Consonantemente con esto, el "objeto de la Criminología" debe ir cambiando, siendo reemplazado por la nueva delincuencia. En resumen, con cada sociedad, cambia la delincuencia, y por ende cambia el "objeto central de la Criminología". Es decir, el movimiento de las clases sociales es seguido por el movimiento de la delincuencia y consecuentemente, del objeto central de la Criminología, que es su reflejo científico.

SEGUNDA PARTE: LA DELINCUENCIA EN CUBA SOCIALISTA

I. La Delincuencia en Cuba socialista.

En Cuba podemos distinguir, fundamentalmente, una delincuencia de origen **económico** y una delincuencia de origen **político**. Cada una de ellas ocupa un lugar específico en el movimiento de las clases que han conformado y conforman la sociedad cubana; aunque en ocasiones esa distinción no es fácil de hacer pues excepcionalmente se mezclan ambos tipos de delincuencia.

La **Delincuencia Económica** sigue en su movimiento al desarrollo de las clases sociales. La delincuencia económica se distingue según se origine:

A. En las relaciones laborales de producción, y

B. Fuera de las relaciones laborales de producción.

A. Los actores de esta forma de delincuencia económica se sitúan en las clases activas en el seno de la sociedad socialista, los trabajadores. Por esta razón la llamaremos **Delincuencia Ocupacional.**

B. Los actores que actúan al margen, o sea, fuera de estas relaciones laborales de producción, conforman lo que llamamos **Delincuencia Marginal.**

La delincuencia económica, en general, comienza por la apropiación de un bien o valor ajeno, el cual no siempre es consumido, sino que, muy frecuentemente, entra en un proceso de intercambio. Esto ocurre con características distintas en la delincuencia ocupacional y en la marginal.

Delincuencia Ocupacional y Delincuencia Marginal son pues, las dos formas en que se manifiesta la Delincuencia Económica en Cuba.

Se desprende de esto que la Delincuencia Ocupacional es la más nociva para el sistema económico socialista, ya que la clase que la conforma es la clase de los trabajadores, eslabón fundamental de la sociedad, la principal productora de los bienes y, por todo esto, la que ejerce una acción directa sobre las estructuras estatales.

La Delincuencia Marginal, como su nombre indica, está fuera de las relaciones laborales de producción y por tanto, su impacto sobre la economía del país es mucho más limitado.

Como veremos más adelante, se manifiesta un desbalance en la persecución de las autoridades a la Delincuencia Marginal (jugando un papel secundario) frente a la Delincuencia Ocupacional, pese a la influencia directa y decisiva sobre las relaciones de producción y sobre la estructura estatal de esta última.

Finalmente, el llamado Crimen Organizado y el Crimen de Cuello Blanco, tuvieron poca duración en Cuba pues fueron en gran parte desmantelados al triunfo de la Revolución.

Las actividades de la Delincuencia Política son de índole esencialmente subversiva y política, como conspiraciones, sabotajes, atentados y otros.

Después de 1959 sus miembros eran principalmente los restos de la antigua clase en el poder, reemplazados en la actualidad por enemigos políticos nacionales y del exterior.

El capitalismo industrial en la Cuba revolucionaria fue decapitado casi totalmente; de los miembros de esta clase social, una fracción emigró, otros por su parte conspiraron. De estos surge la Delincuencia Política.

Los remanentes del capitalismo desaparecieron en 1968 en el marco de la Ofensiva Revolucionaria. En el campo por su parte, los grandes terratenientes fueron desposeídos por las Leyes de Reforma Agraria. Sufren así, un proceso de desclasamiento forzado, del que se origina principalmente el Bandidismo.

A estas dos formas principales de delincuencia, se puede agregar la "Criminalidad Aislada", que es una delincuencia ocasional, circunstancial, que no corresponde a una conducta desviada sistemática. En esta forma no existe un móvil grupal ni institucional, sino que el delincuente actúa sin contar, en su relación delictiva, con otros delincuentes. El móvil puede ser celos, venganza, estados anímicos alterados y otros similares. Su importancia criminológica es mínima.[16]

En resumen, la Delincuencia en Cuba Socialista se conforma por la Delincuencia Económica clásica: Ocupacional y Marginal; la Delincuencia Política y la Delincuencia Aislada, de menor trascendencia.

---

[16] Andrade Sánchez, E: Crimen Organizado. En: Características y dimensiones de la delincuencia organizada. PDF.

1. DELINCUENCIA MARGINAL

1.1 Orígenes históricos.

Esta forma de delincuencia se remonta al período de la acumulación capitalista originaria, en el siglo XIX, período en que, justamente, "los delitos con móvil económico empiezan a superar numéricamente a los delitos violentos". Surgió de las ruinas del sistema feudal, cuando las masas de antiguos siervos y campesinos, despojados de sus tierras, vagaban en busca de trabajo, que la incipiente industria capitalista no podía garantizar para todos. Se dedicaban a los asaltos y robos, impulsados, en última instancia, por el hambre. Sus dos únicas opciones eran la mendicidad o el robo.

Con el desarrollo del Capitalismo, el enriquecimiento inusitado de esta clase, las nuevas técnicas, el crecimiento del comercio, las migraciones, las nuevas formas y ofertas de la "demanda" social en la esfera del consumo y del ocio, cual el alcohol, las drogas, el juego, la prostitución, etcétera, aparecieron nuevas y abundantes fuentes y oportunidades de actividades y negocios ilícitos que aprovechó la delincuencia, que correlativamente se desarrolló, se especializó, se organizó y se sofisticó. Podría decirse que la delincuencia evolucionó y se estructuró conforme lo hizo la propia sociedad capitalista. Fue la génesis de esta nueva forma de delincuencia que surge y se desarrolla a partir de los sectores marginados de la sociedad con una serie de características comunes pese a su diversidad. A esta delincuencia la hemos llamado "Delincuencia Marginal".

Si bien siguieron existiendo "delincuentes callejeros" pobres, individuales, se formaron también grupos, bandas, sociedades, mafias y otras formas de organización de las actividades delictivas, que recurrieron también a poderosos medios auxiliares: grupos armados, matones, delimitación de "territorios" o áreas de influencia, el soborno y la penetración del aparato político.

Surge como consecuencia del capitalismo de libre empresa, y se desarrolla paulatinamente a la par con este. Cuando comienza el desarrollo del capital monopolista y, más recientemente, la globalización, la delincuencia comienza a adoptar formas organizativas empresariales, surge el narcotráfico, y el tráfico de personas, entre otras formas internacionalizadas de la delincuencia marginal, algunas de las cuales intentaron llegar a penetrar la Cuba Batistiana. Estas formas más desarrolladas son las que se conocen internacionalmente como "crimen organizado", aunque la expresión no es exacta, pues no es unívoca (la organización es inherente a varias formas de la delincuencia), no expresa su esencia, la "diferencia específica".

El "crimen organizado", como dijimos, penetró en Cuba durante la república mediatizada, pero fue extirpado de raíz por la Revolución; tiene un interés historiográfico y preventivo, para evitar que llegue de nuevo a nuestras costas o afecte nuestras instituciones e intereses en el extranjero; además de su posible vinculación con la actividad contrarrevolucionaria externa.

1.2 Características de la Delincuencia Marginal.

Se corresponde a grosso modo con la llamada, por la Criminología clásica, delincuencia "convencional", término este poco determinado. La denominación de "marginal" que nosotros propusimos, obedece a dos características precisas y esenciales:

sus miembros ostentan características de marginalidad sociológica;
sus actividades delictivas trascurren básicamente fuera ("al margen")

de las relaciones laborales de producción.

Ambas condiciones son igualmente necesarias para denotar el grupo delincuencial marginal.

Se distinguen, dentro de esta forma de Delincuencia Marginal, determinaciones propias atendiendo a sus categorías criminológicas: los delincuentes (población delincuencial), los delitos, las víctimas y las sanciones.

1.3. Características de la población delincuencial marginal

- Frecuente comienzo en la adolescencia;
- Predominio del sexo masculino;
- Aparente sobrerrepresentación de los negros y mestizos; origen: los negros curros.
- En su mayoría se trata de desempleados (aunque haya oferta de empleo) o con débil vinculación laboral en empleos de baja calificación;
- Bajo ingreso per capita legal;
- Bajo nivel escolar, con interrupción frecuente de los estudios en la primaria o la secundaria;
- Modo de vida orientado a la inmediatez y al consumo;
- Impulsividad y tendencia a recurrir a soluciones violentas: machismo y matonismo;
- Búsqueda de la aceptación grupal, más que la de la sociedad o la familia;
- Débil formalización y desorden en la vida marital y frecuente cambio de pareja;
- Despreocupación por los hijos;
- Frecuencia de antecedentes delictivos en la familia: tíos, hermanos y otros familiares;

41

- Relaciones sociales y de amistad preferenciales con individuos de sus mismas características (relaciones intradelincuenciales, dentro del grupo);
- Auto segregación de la vida cultural y política;
- Frecuentes borracheras y escándalos.

Estas son características generales, que marcan la tendencia, pero no excluyen excepciones de otro tipo. Así, como ejemplo de excepción, personas no pertenecientes al grupo marginal, son susceptibles de cometer delitos de este tipo, y elementos marginales pueden incurrir en otras actividades delictivas.

1.4. Características de la actividad delictiva marginal.

- La delincuencia es de tipo apropiativo, con frecuente recurso a la violencia;
- La finalidad de la actividad apropiativa es generalmente el consumo: bien directamente, cuando el valor obtenido se presta para ello (por ejemplo: dinero), o bien mediante una reventa para obtener dinero necesario para dicho consumo;
- La actividad delictiva se va convirtiendo en una "alternativa de trabajo", especialmente después del auge del turismo en Cuba, pues requiere menos esfuerzo y a menudo es más lucrativa; esto constituye la causa sui o retroalimentación (reiteración delictiva marginal).
- En tal condición, la actividad delictiva es la que les proporciona primariamente sus medios de vida, o por lo menos contribuye fuertemente con sus niveles de consumo;
- Sus actividades delictivas se cometen principalmente fuera de la actividad laboral;
- Frecuente recurrencia en actividades delictivas (reincidencia y multirreincidencia);
- Un individuo puede incurrir en hechos puramente violentos, sin beneficio económico, aunque estos son más escasos;

- Las actividades delictivas violentas (el robo con fuerza y el robo con violencia, en particular) son más frecuentes en la juventud, y disminuyen con la edad, siendo reemplazadas por otras que requieren relaciones, habilidad o astucia (como la estafa, el juego prohibido y la droga);
- Los hechos violentos contribuyen a dar "fama de guapo" y facilitan la participación ulterior del individuo en sus actividades delictivas.
- Como delitos más frecuentes se cuentan aquellos contra los derechos patrimoniales como el robo, hurto, estafa y otros, así como el uso y tráfico de drogas, asesinato, homicidio, lesiones, juego prohibido, prostitución, proxenetismo y otros.
- El desarrollo del turismo y las crecientes relaciones económicas con el extranjero en el país, abren nuevas posibilidades ante la delincuencia: los delitos económicos, y específicamente para la delincuencia marginal: robo a los extranjeros de pertenencias o dinero, prostitución y proxenetismo entre otros.

1.5. Características de las víctimas de la Delincuencia Marginal.

- Aunque las víctimas pueden formar parte del mismo grupo marginal, se produce también una violencia extragrupal.
- Pueden ser personas naturales o jurídicas;
- Los hechos pueden ocurrir en la calle, en lugares públicos, viviendas y establecimientos.
- La elección de la víctima puede ser al azar o planificada

1.6. Características de las sanciones a la Delincuencia Marginal.

Globalmente, la delincuencia marginal es más perseguida que la ocupacional, dentro de la delincuencia económica;

Esta delincuencia sufre una fuerte estigmatización por parte de la sociedad, la policía y otros órganos del Estado, que dificulta su reinserción social una vez cumplida la sanción;

La penalidad real corresponde a los delitos sancionados, que no son todos, por no descubrirse a sus autores; la efectividad de la policía es alta en los casos de asesinato y homicidio, pero mucho más baja en el robo y el hurto;

No todos los delitos marginales cometidos son denunciados. La diferencia entre los delitos ocurridos y los denunciados se conoce como "cifra negra", que puede ser muy elevada en el hurto y en delitos en que la víctima es cómplice como la estafa, el juego prohibido y la droga;

Sociológicamente la "cifra negra" expresa en primer lugar la desconfianza en la gestión policial, secundariamente puede ser expresión de temor (a la venganza) o de pudor (en el caso de las violaciones);

Las sanciones más frecuentes impuestas a los delincuentes marginales son las de internamiento;

El delincuente marginal no le teme a la prisión, en la que se encuentra junto a otros individuos de sus características y tiene la oportunidad de adquirir experiencias y relaciones que le serán útiles para su actividad delictiva futura (prisionización);

Tanto la estigmatización estatal, como el rechazo social, refuerzan la psicología delictiva del grupo marginal, su modo de vida y su cohesión interna.

1.7. Tratamiento a los delincuentes adultos.

A tenor con la naturaleza dual de la actividad delictiva es lógico esperar que cuando un delincuente es "sancionado" esta "sanción" incluya ambos aspectos: el sociológico y el jurídico. Aquí se plantea el problema de quién, o sea, qué profesional debe diseñar y establecer las medidas sociológicas apropiadas. La solución puede ser:

- Ampliar el contenido sociológico en la formación del personal jurídico o,
- Que un personal de perfil sociológico cumpla este cometido.
- En ambos casos, debe asegurarse la misma profesionalidad en el dictamen sociológico que tiene el dictamen jurídico según lo estipulado en el Código Penal y otros instrumentos legales.

1.8. La cárcel.

La cárcel cumple el propósito de privar de la libertad al sancionado por el tiempo que dure la sanción, evitando así que reincida en su conducta delictiva. Al mismo tiempo, en la cárcel los delincuentes aprenden y perfeccionan sus habilidades delictivas. Pero la cárcel es dura, con su casi siempre inevitable hacinamiento, causante a menudo del síndrome de la prisión, conocido profesionalmente como "alienación institucional". Esta no es más que el efecto paradójico que tiene sobre el delincuente el sistema de justicia penal, especialmente cuando el contacto entre el detenido y las autoridades carcelarias no tienen lugar en medio de estrictas medidas de profesionalidad.

En las cárceles los reclusos van conformando una "mentalidad de presidiarios", que ve mal todo lo que hacen las autoridades y estimula actitudes adversas por parte de los reclusos. Hay valores sobreestimados en la comunidad de reclusos, como el de la "hombría", la dureza y la violencia y se forman "clanes" entre ellos, con sus líderes, y acólitos serviciales. Desde luego, esto no se puede comparar con los excesos y abusos que ocurren en los reclusorios de otros países, donde hay además una fuerte dosis de violencia y sadismo por parte de los guardianes y de los propios reclusos. Para el delincuente, la prisión suele ser un mérito ante los ojos de los demás, lo que se incorpora a su sistema de valores y actitudes.

Aún a sabiendas de estos efectos, la cárcel y los centros abiertos de reclusión, siguen siendo el método más elegido para sancionar al delincuente.

Existen razones para ello: la cárcel es económica, segura y mantiene a los presos, en general, fuera del contacto con la sociedad, evitando nuevos delitos.

El reforzamiento de la mentalidad delictiva en las prisiones está combatido y neutralizado en los "centros abiertos con trabajo correccional", principalmente en el caso de reclusos de baja peligrosidad.

Se trata generalmente de granjas donde se realizan planes de reeducación con el recluso. Efectúan diversos trabajos remunerados, aprenden eventualmente un oficio y elevan su nivel escolar. No es infrecuente que realicen actividades culturales y recreativas. Pero siguen siendo un centro correccional, con su disciplina y custodios.

Pude asistir a una de esas actividades culturales, en que se representaba la obra "La libertad a tres pasos" que montaron los presos de la prisión de Guanajay hacia 1965. La obra, escrita por uno de los reclusos, reflejaba las peripecias por que atravesaban los actores (reclusos) a lo largo de tres etapas del Plan de Reeducación, que incluían aspectos disciplinarios, laborales y culturales de su vida en reclusión. La obra era emotiva, y recibió numerosos aplausos por parte de la concurrencia.

Esta fue una experiencia inolvidable, pues pintaba un hecho real y significativo de interés para los criminólogos.

1.9. "Los Presos Plantados": un hecho real

Por su pertinencia con el tema de la cárcel, me gustaría relatar uno de los trabajos más importantes que realizamos en la Dirección de Investigaciones Sociales del Ministerio del Interior: la investigación en la Prisión de la Cabaña, una cárcel para presos políticos que se hallaba en la fortaleza del mismo nombre, situada sobre la costa este de la Bahía de La Habana. En la actualidad es una locación de las Oficinas del Historiador de la Habana, donde se celebra todas las noches la ceremonia del "cañonazo" del Morro, con un espectáculo colonial.

La situación por la que requerían del grupo era la siguiente:

La mencionada prisión era la que tenía la mayor población de presos contrarrevolucionarios del país. Desde hacía unos días los presos estaban insubordinados, o, como se decía en la jerga carcelaria: "plantados". Para comprender la situación era menester tener en cuenta algunos pormenores, que las autoridades nos explicaron.

Desde el principio de la Revolución se habían distinguido los presos comunes, es decir, sancionados por delitos comunes, de los presos contrarrevolucionarios. Estos últimos se consideran a sí mismo presos "políticos", aunque en realidad estaban presos por delitos de tipo subversivo: bandidismo, terrorismo, atentados y otros. La distinción entre uno y otro tipo de preso se expresaba visualmente en el uso de uniformes distintos: los presos comunes llevaban un uniforme de tela de algodón azul, como los jeans, y los contrarrevolucionarios un uniforme color amarillo – ocre. Había un grupo de presos integrados al llamado Plan de Reeducación: realizaban trabajos productivos en la prisión, recibían clases culturales y políticas, etc. Otro grupo de "recalcitrantes" se negaban al trabajo, a las clases y a todo lo demás.

En determinado momento, se llegó a la conclusión de que en realidad, no existían presos "políticos", sino que los autodenominados como tales solo eran delincuentes comunes que había cometido delitos contra la Seguridad del Estado, o sea, su prisión no estaba condicionada por sus ideas políticas o la expresión pacífica de estas, sino por intentos concretos de subvertir el poder de las instituciones del Estado y sus dirigentes. Como consecuencia de esta conclusión, resultaba evidente que a todos los presos les correspondía el uniforme azul, y como tal, se adoptó la política de vestirlos igual a todos.

Pero, en La Cabaña, los presos contrarrevolucionarios se negaron a vestirse de azul y andaban en calzoncillos por las celdas. Entonces, un funcionario superior del Departamento de Prisiones decidió dar un escarmiento ejemplarizante. Cogieron a uno de los cabecillas de los "recalcitrantes" y, en medio del patio, ante la vista de toda la población penal, le pusieron a la fuerza el uniforme azul. Como es lógico prever, esto provocó una verdadera revuelta; gritos, golpes en los barrotes, y todos los presos contrarrevolucionarios, incluidos los que estaban en el Plan de Reeducación, se quitaron el uniforme azul y se quedaron en calzoncillos. Abandonaron el trabajo y la producción se paralizó en la prisión. Las autoridades no sabían qué hacer. En estas circunstancias entramos nosotros.

Lo primero que hicimos fue reunirnos con las autoridades de la prisión, así como con personal raso, sobre todo con los que tenían más experiencia en el trabajo con reclusos, para analizar la situación. En seguida llegamos a la conclusión de que aquel acto de fuerza y prepotencia había sido un error, y había que rectificarlo pronto.

Les planteamos a las autoridades del Departamento de Prisiones que sería bueno que, por un tiempo, no aparecieran por allí los jefes y guardias implicados en los hechos. Teníamos que mostrar que había ocurrido un cambio que, sin debilitar la disciplina necesaria en una institución de ese tipo, se manifestaba en su inicio como la desaparición de la vista de los funcionarios implicados en el hecho. Luego había que demostrarles que la jefatura estaba interesada en conocer sus condiciones de vida para mejorarlas. Se hacía necesario, pues, hacer una investigación. Pero no podía ser una simple encuesta con preguntas y respuestas a marcar en un papel. Necesitábamos hacer una investigación – acción, que además de obtener información, actuara sobre los entrevistados en el sentido que deseábamos, es decir, bajar la tensión y mejorar las relaciones entre los reclusos y el personal. Pero teníamos una dificultad: éramos solo cuatro personas, tres en realidad, pues yo, con mi acento peninsular, no le haría mucho beneficio, y los reclusos eran centenares. Entonces decidimos tomar a los alumnos de un curso de reeducadores que estaban estudiando en esos momentos, entrenarles en seminarios teórico-prácticos y utilizarlos como entrevistadores. Tenían la ventaja de que conocían bien las condiciones carcelarias. A estos alumnos se sumaron estudiantes de la Facultad de Psicología, que actuaron también como entrevistadores.

El primer paso fue confeccionar el guión de la entrevista. Era un guión detallado, que empezaba por las condiciones del penal y de su vida carcelaria, hasta ir poco a poco llegando al foco de tensión. También nos extendíamos a la vida anterior del preso.

Los entrevistadores debían aprenderse el guión de memoria y no atenerse al orden escrito, sino seguir las vueltas de la asociación de ideas y de la conversación. Los puntos que quedaban fuera eran retomados posteriormente en un momento oportuno de la conversación.

Cada entrevistador hacía una sola entrevista al día, calculada en dos o tres horas; luego iba a una oficina y escribía el informe, subrayando las cuestiones de mayor interés.

Tomamos medidas para evitar la contaminación, es decir, que el que sale de la entrevista le cuente al que sigue de qué trató, influyendo así, involuntariamente, en las respuestas de este último. Para ello, los entrevistados eran trasladados luego a otros pabellones.

Los entrevistadores recibieron orientaciones en el sentido de mostrar comprensión ("comprensión empática" es la expresión psiquiátrica para este proceso) con lo que exponían los reclusos, lo que tenía el efecto de producir cierta relajación de la tensión. Esto se hacía en relación con las dificultades y desaprobaciones que ellos manifestaban.

Recibieron orientaciones también en el sentido de no interrumpir las respuestas o las conversaciones espontáneas que surgían durante la entrevista, sino seguirles el curso; por ahí a veces se encontraban informaciones interesantes no contempladas en el guión, y que en muchas ocasiones dieron lugar a aclaraciones de casos e incluso rectificaciones de condenas. Esta fue una investigación cualitativa donde se utilizó la entrevista a profundidad para conocer a fondo la problemática de la prisión.

Esta investigación se extendió también a la prisión de mujeres de Guanabacoa y a la de Guanajay.

En resumen, cuando concluimos las entrevistas y su análisis, el panorama se había calmado; poco a poco los reclusos que estaban en el plan volvieron al trabajo y se normalizó la situación.

Discutimos los resultados y las medidas a tomar con el viceministro y las autoridades de prisiones, quienes elevaron al Ministro una serie de propuestas, entre ellas la de crear establecimientos abiertos, en forma de granjas, con un mínimo de seguridad para los reclusos del plan de reeducación, y para los recalcitrantes, que estaban tan envenenados en sí mismos que no creían lo que decía la radio y la prensa escrita, se organizaron "visitas demostrativas" por los nuevos barrios y obras de la ciudad, inclusive a Coppelia, medidas que fueron aprobadas e implementadas en breve tiempo.

También elaboramos un informe teórico, con los principales conceptos que habíamos desarrollado a partir de esta experiencia. Entre ellos, estaba el de sistemas antagónicos interdependientes; o sea, el sistema de los guardias y el de los presos, antagónicos pero dependientes uno del otro, que hacía muy tensas las relaciones entre una y otra población, o subsistema.

Igualmente desarrollamos el concepto de alienación institucional, con el cual denotamos el comportamiento cognoscitivo de la población penal y, concomitantemente, del subsistema formado por el personal penitenciario. Ambos veían al otro bando con un sesgo notable, en el sentido negativo, en lo perceptual y lo afectivo, lo que predisponía fácilmente a la producción de choques entre ellos.

Al tenor de esta investigación, conocí a un preso contrarrevolucionario, apodado "Richard", del Movimiento "30 de noviembre". A lo largo de varios meses, en numerosas entrevistas, llegué a conocer los pormenores de su vida hasta el momento de la detención y no pocas experiencias de su estancia en la prisión. Escuché atentamente las distintas quejas que tenía del personal de la prisión, aunque generalmente no pude hacer mucho al respecto. Pero esto no le importaba mucho a Richard, lo que le importaba era sentirse escuchado, y esta regla fue asimilada cuidadosamente por los funcionarios de reeducación dentro de la prisión.

Mantuve la comunicación con él hasta que salió de la prisión y luego lo vi varias veces en la granja a que había sido destinado. Un tiempo después salió en libertad y dejé de verlo, y cuál no sería mi sorpresa al encontrármelo ya en libertad y trabajando en su antiguo oficio de carpintero. No perdimos la costumbre y sostuvimos una larga conversación, hablándome de su familia, el trabajo y las vivencias de sentirse libre.

Estas experiencias fueron de gran utilidad tanto para el preso, como para el personal que lo atendía y sabía escucharle con atención. Por esto decía Sutherland que la cárcel era "una escuela para el Criminólogo".

Lo que antecede es simplemente una muestra de los aspectos, entre otros muchos, que debe contemplar la formación del criminólogo, y contribuyen a desarrollar los aspectos humanos de la misma. Por esta razón los comparto con el lector.

1.10. Dinámica del grupo marginal.

Las características expuestas no son variables aisladas e independientes, sino que todas ellas son componentes de una realidad totalizadora que las engloba y les da significación. Ellas son expresión del hecho de que la población delincuencial marginal en realidad constituye un gran grupo social: el grupo marginal, del cual asimilan esas características sus miembros. Ello tiene lugar porque el grupo marginal posee:

- Una composición sociodemográfica homogénea;
- Una ubicación específica en la estructura social;
- Unas relaciones intragrupales y extragrupales que les son características;
- Un modo de vida característico;
- Una conciencia grupal propia, y
- Un "mecanismo" de reproducción social de sí mismo de generación en generación.
- Esta composición sociodemográfica corresponde

sociológicamente a la de un "subproletariado".

Este tiene en Cuba algunas características, en primer lugar una sobrerrepresentación de negros y mestizos cuyo origen se remonta a los tiempos de la colonia, dada la posición marginal que ocupaban los esclavos traídos de África y los negros curros procedentes de España. Es, además, una población básicamente urbana. En parte, esta población es fruto de las migraciones internas del campo a la ciudad.

Tienen índices de natalidad superiores a la media, aunque no se manifiesta siempre en forma de núcleos familiares numerosos debido a la frecuencia de rupturas de pareja y formación de nuevos vínculos. Esto hace que haya numerosos vínculos familiares en las relaciones intragrupales.

Se trata de elementos desclasados o en proceso de desclasamiento, es decir, que ocupan una posición marginal con respecto a las clases trabajadoras, que constituyen la mayoría de la población del país. En cuanto a su extracción de clase, proceden mayoritariamente del propio grupo marginal y, en menor proporción, son hijos de trabajadores poco calificados, principalmente de la esfera de los servicios.

En cuanto a sus relaciones sociales, el grupo marginal manifiesta cierta auto-segregación respecto a las clases trabajadoras, y muestra señales de rechazo hacia el aparato estatal, que tan importante papel juega en la sociedad socialista cubana. Sus relaciones son, pues, preferentemente intragrupales, tanto para emprender actividades delictivas, como para la amistad y recreación, lo cual suele manifestarse ya en edades tempranas. Asignan especial importancia a la actitud del grupo hacia ellos, cuyo reconocimiento buscan.

Su modo de vida está determinado por dos influencias convergentes:

- de un lado, cierta precariedad material debido a que tienen escaso acceso a bienes duraderos, como la vivienda y los vehículos;
- del otro, por la inmediatez de miras, el estilo gregario, hedonista y consumista de vida.

Ello hace que habiten frecuentemente en viviendas de baja calidad y en situación de hacinamiento progresivo debido a la elevada natalidad, fruto de diversas relaciones de pareja y a la afluencia de familiares del interior del país hacia las ciudades, así como de otros procedentes de las prisiones. Ello contrasta con la posesión de artículos de consumo de valor elevado, como efectos electrodomésticos provenientes de sus actividades ilícitas.

Su estilo de vida es pobre y desajustado, con frecuentes borracheras, broncas y peleas, en las que emplean el abundante tiempo libre de que disponen fuera de sus actividades delictivas. No es extraño el uso de drogas.

Por su carácter facilista, este modo de vida se refuerza a sí mismo: tiende a perpetuarse (inercia social). Puede considerarse que, en un momento dado, la mayoría de la población marginal del sexo masculino ha estado, está o estará involucrada en actividades delictivas y una buena parte ha estado en prisión o centros de reeducación de menores, a menudo en más de una ocasión.

La población femenina participa poco en estas actividades. Atiende a los hijos (a menudo en la ausencia del padre) y de trabajar, lo hace en quehaceres de poca calificación y baja remuneración, generalmente en la esfera de los servicios.

Cuando se incorporan a la actividad delictiva, normalmente se acompaña de manifestaciones de prostitución, que en Cuba, puede degenerar en trata con extranjeros (jineterismo) que se acompaña generalmente de la figura del "chulo".

Su conciencia grupal cotidiana, en parte determinada y en parte determinante de su modo de vida, se caracteriza por valores marginales negativos como el desprecio por el trabajo y la honradez, y de estereotipos como una sobrevaloración de la amistad, entendida en sentido utilitario de intercambio de favores; también está sobrevalorada la valentía y el machismo (matonismo, "guapería"); y es frecuente la violencia de género en las relaciones de pareja.

El matonismo, utilizado por algunos de estos delincuentes, les da status de dominancia dentro del grupo, que les beneficia en sus actividades delincuenciales. Solo se manifiesta cierto grado de solidaridad frente a la policía, pues ser "chivato" es una de las condiciones más denigrantes en este medio.

Estas características del grupo marginal se manifiestan así desde los primeros años del triunfo de la revolución. Desde entonces se ha venido reproduciendo de generación en generación. En primer lugar por vía intrafamiliar, es decir, de padres a hijos y, en menor medida, por nuevos desclasamientos, primordialmente en la adolescencia y en la juventud. De acuerdo a ciertas investigaciones realizadas (Cusidó, 1992) la vía intrafamiliar sería la responsable en alrededor del 85% de los casos de delincuentes marginales y el resto procederían de otras capas sociales en su adolescencia o juventud. Los valores y normas en gran parte hedonistas del grupo marginal son fácilmente asimilados por cada nueva joven generación, de modo que su transmisión es sumamente efectiva, a lo que contribuye que se transmitan también las relaciones grupales de los mayores.

Este proceso, junto a las migraciones internas y los altos índices de natalidad han provocado que el grupo marginal se perpetúe y posiblemente se incremente su población, lo cual puede evidenciarse por simple observación. En favor de esta hipótesis habla el hecho de que la delincuencia marginal no ha dejado de incrementar su actividad desde 1980, pese a que en esa época salieron hacia la Florida decenas de miles de elementos marginales.

Pero el reforzamiento de la actividad delictiva marginal no ocurre exclusivamente de generación en generación, sino que se produce también de forma inmediata, como resultado de sí misma. El hecho es que cada acción delictiva de carácter apropiativo produce un ingreso fácil, que da lugar casi de inmediato a un consumo que satisface una necesidad (que no tiene que ser forzosamente una necesidad vital), y este consumo, a su vez, genera de nuevo la necesidad anterior (u otra), convirtiéndose en móvil para cometer una nueva acción delictiva, que reproduce constantemente el ciclo "necesidad-consumo-nueva necesidad", dando lugar a la habituación delictiva.

Aunque conocemos bastante acerca de la delincuencia marginal cubana, también desconocemos cosas importantes. Entre ellas, no sabemos casi nada del per cápita de delitos que cometen a través de su vida, ni de las modificaciones de la trayectoria delictiva a lo largo de esta, ni sobre la edad de retiro de la actividad delictiva marginal, si la hay, ni sobre valores de la "cifra negra" para los distintos delitos, ni los valores de los bienes sustraídos.

1.11. Menores marginales.

En Cuba, a partir de los 16 años todas las personas son consideradas adultas por la ley. Por esta razón, desde el punto de vista legal, no es exacta la denominación de "delincuencia de los menores de edad", ya que los menores de edad en Cuba están fuera de la jurisdicción penal y no son delincuentes en el sentido jurídico del término. Sociológicamente, la juventud se extiende de los 16 a los 30 años, por lo que tampoco es apropiado el término de "Delincuencia Juvenil".

Por estas dificultades semánticas, la expresión más exacta es la de "transgresiones de la ley cometidas por los menores de edad", no precisamente un ejemplo de síntesis, de modo que nos tomaremos la libertad, hechas las salvedades anteriores, de hablar de "actividad delictiva de los menores".

El comienzo de la actividad delictiva en estos menores suele ocurrir, como es propio de los adolescentes, en el seno de un grupo de amigos o vecinos, muy frecuentemente caracterizados unos más que otros por cierto modo de vida rayano en la marginalidad. De este grupo, y de las interacciones que se forman entre sus miembros, surgen los futuros "líderes", que ejercen mayor atracción sobre los demás. No es infrecuente que entre estos adolescentes se manifiesten algunas características de marginalidad, y se reproduzca así un grupo con características mayormente marginales, que es el verdadero caldo de cultivo donde se formarán los futuros delincuentes "juveniles".

No es de extrañar entonces que estos delincuentes "juveniles" pasen a formar parte de la delincuencia marginal.

Como ya expusimos más arriba, el ingreso de las nuevas generaciones al grupo marginal comienza en la adolescencia, y muchas veces en la adolescencia temprana.

Lo cierto es que los menores marginales están sometidos desde la más temprana edad a influencias que con los años incidirán en su posible conducta delictiva.

La familia marginal es sumamente "efectiva" en transmitir a las nuevas generaciones los valores y demás características negativas del grupo, efectividad que según algunos estudios hace que más del 90% de los hijos de familias marginales sean ellos también marginales; se trata de un proceso caracterizado por una fuerte inercia social.

Por todo lo anterior no adquieren hábitos de disciplina ni de educación, lo que le crea tempranamente conflictos en la escuela;

Estos menores se convierten rápidamente en "niños problema" para el maestro, tanto en la dimensión disciplinaria como en la de los estudios;

Por su bajo rendimiento académico es muy frecuente que repitan grado, lo que sigue después con retraso en los estudios y, más temprano que tarde, el abandono de la escuela, a veces antes de culminar la secundaria;

En esta problemática inciden fuertemente los procesos de estigmatización y de rechazo social hacia esta población marginal, procesos que se hacen extensivos a los menores, que presionan para sacar a estos niños de la enseñanza general y pasarlos a "escuelas de conducta" o sea, centros especiales para este tipo de adolescente. Luego, si cometen alguna trasgresión más o menos grave, serán remitidos a "Centros de Reeducación de Menores", hacia los cuales hay efectos estigmatizadores considerablemente más graves;

En esta situación, cuando estos menores llegan a la edad laboral (16 años), no tienen la motivación, la preparación, ni los hábitos para entrar exitosamente en el mercado de fuerza de trabajo, por lo que la delincuencia se convierte en la opción "laboral" más viable;

Los menores marginales cubanos reflejan una imagen en miniatura de la delincuencia marginal adulta, o, mejor dicho, una etapa previa en el aprendizaje de esta última;

Estimulación y reforzamiento por parte de la familia y el grupo de amigos, para dirimir los conflictos mediante la violencia, hace que incremente la probabilidad de nuevos conflictos y la repetición del mismo tipo de respuesta violenta hasta hacerse habitual;

El temprano deambular callejero, junto al patrón de impulsividad y violencia, expone a estos menores a frecuentes conflictos con par iguales y adultos, donde el precoz contacto con la autoridad y efecto estigmatizador de esta y de la sociedad, ejercen una acción reforzadora de su conducta antisocial;

La actividad delictiva puede ir aparejada al consumo de alcohol y otras drogas, las que pueden reforzarla.

Los hechos antisociales de los menores marginales se manifiestan como delitos contra la propiedad, en particular hurtos, "arrebatones" y robos con violencia, como vía para la obtención fácil de medios de vida mediante acciones delictivas. No pocas veces son incitados por sus mayores;

Los menores marginales constituyen la principal fuente de que se nutre las filas de la delincuencia marginal adulta, a través de un doble proceso:

- subjetivamente, por la reproducción en la personalidad del menor de los patrones característicos de la conciencia social del grupo marginal, y
- objetivamente, por la reproducción de las relaciones sociales intergrupales en la nueva generación, que comienza en el grupo de pariguales, tan influyente en la temprana adolescencia.

La adolescencia se caracteriza por una serie de rasgos que los hace aún más vulnerables a la actividad delictiva. Entre ellos:

- Impulsividad
- Afán de protagonismo
- Necesidad de pertenecer a un grupo
- Inmadurez
- Debido a la fuerte estigmatización y represión de que son objeto la delincuencia marginal y de menores le son comunes los fenómenos de prisionización y criminalización secundaria.

1.12. Tratamiento a los menores.

En 1966, se crea el Centro de Evaluación, Análisis y Orientación de Menores de la Habana (CEAOM) supeditado al Ministerio del Interior. El CEAOM contaba con una plantilla de psicólogos, psiquiatras infantiles, pedagogos y otros para realizar una evaluación completa e individualizada del menor y estipular el tratamiento sociológico a seguir.

Este hecho marca un hito en la actividad, que coloca a Cuba en un lugar destacado en cuanto al tratamiento de los menores "delincuentes".

II. Economía "Subterránea" y Mercado Negro Delincuencial en Cuba.

(Fernando Barral, Bienvenido Cuellar y Yusimit Barreras)

El presente acápite continúa una línea de investigación criminológica sobre la delincuencia en Cuba [17]; más específicamente se trata de la investigación de las relaciones económicas delincuenciales, o "economía política de la delincuencia". Hemos llegado a un problema económico de cierta generalidad (la economía "subterránea", o "sector informal" de la economía) a partir del estudio de una de sus partes componentes: las relaciones económicas delincuenciales o "mercado negro".[18]

El presente tema es, en colaboración con un economista (Bienvenido Cuéllar). Históricamente, los economistas han investigado muy poco la economía subterránea en nuestro país, tal vez debido al hecho de que la información necesaria para estas investigaciones no suelen salir de los órganos del Sistema de Justicia Penal.

El camino seguido: de un aspecto particular del problema a este en su conjunto. Al contrario, nos ha permitido entrar a este nivel general con un conocimiento concreto de nuestro lado: el del mercado negro.

---

[17] Abraham, Luis: Comunicaciones Personales. Pinar del Río, 1991-92

[18] Antony, Carmen: _"La delincuencia de los poderosos en América Latina*. En: Lola Aniyar de Castro: Criminología en América Latina. UNICRI, Roma, 1990.

2.1. Contenido de la economía subterránea.

La expresión "economía subterránea" es ecléctica: denota por lo menos dos fenómenos que tienen esencias diferentes y requieren, por lo tanto, una consideración diferenciada y términos distintos e inequívocos para cada uno. Proponemos como rótulos provisionales los de "mercado negro" y "mercado gris", a los cuales aspiramos aproximarnos en el curso de nuestro análisis.

Las relaciones económicas delincuenciales que convencionalmente llamamos "mercado negro" las hemos descrito en otros trabajos [19], por lo que nos limitamos a exponer una breve síntesis de su esencia.

La apropiación ilegal de recursos sociales o privados por la delincuencia ocupacional [20] y la delincuencia marginal [21] no consumibles por los propios delincuentes generó la necesidad económica de intermediarios mercantiles que les compren a estos los bienes mal habidos y los vendan después con menor riesgo a los clientes o compradores finales, que los adquieren en su condición de valores de uso. Esos intermediarios mercantiles son comerciantes, con

---

[19] Barral, Fernando: "Modelación sociológica de la delincuencia", Rev. C Soc., No. 18, dic. 1988.

[20] Barral, Fernando: "Informe científico sobre la determinación de las causas y condiciones de la delincuencia en Cuba". ACC, Inv. 1989.

[21] Barral, Fernando: "La mercantilización de la delincuencia en Cuba: desarrollo, consecuencias actuales y peligros futuros", ACC, abril 1990, Unión Nac. Juristas de Cuba, dic. 1990, pendiente de publicación en la Revista Jurídica, dic. 1991.

la única diferencia de que adquieren esos bienes a muy bajo precio, ya que al ladrón o suministrador no le costaron nada, salvo el riesgo implícito en la apropiación delictiva, y pueden venderlos a precios elevados, según la oferta y la demanda y otras circunstancias, lo que les permite márgenes de ganancia incomparablemente más elevados que en el comercio legal. Consecuentemente, un enriquecimiento también más rápido. Estos elementos, que no han sido objeto de una caracterización penal o económica precisa, se conocen popularmente como "macetas".

Estos "nuevos ricos"[22], una parte de los cuales surgió al amparo de los mecanismos gananciales implantados en la década de los 80 en el Sistema de Dirección y Planificación de la Economía, no son sujetos aislados, sino parte de una capa social, de una clase emergente de naturaleza neocapitalista, la llamada Burocracia [23]. En efecto, salvo coincidencias individuales no son descendientes de la burguesía expropiada por la Revolución, sino que han surgido del proceso de desarrollo de la delincuencia misma, ocultos al margen de la ley y fuera del escrutinio de la economía y las estadísticas oficiales. Al operar y reproducir relaciones (de intercambio) económicas e ideológicas de tipo capitalista son el germen de una clase antagónica al socialismo y, como clase al fin, juegan un rol creciente en la organización y dirección del "trabajo" de apropiación delincuencial, de cuyas ganancias, además, se quedan con la mayor parte[24].

---

[22] Barral, Fernando: "Dogmatismo y rectificación en las ciencias sociales", Asoc. Cubana de Investigaciones Filosóficas, febrero 1991.

[23] Barral, Fernando: "Delincuencia, Economía y Socialismo en Cuba", Concurso "Raúl Prebisch", Asoc. Nacional de Economistas de Cuba, marzo 1991.

[24] Barral, Fernando: "Delito económico y criminalidad mercantil en Cuba", entregado a la Editorial de Ciencias sociales, 1991.

No es difícil advertir la similitud entre este fenómeno y el violento proceso de acumulación originaria de capital, que permitió, a la burguesía ascendente, del brazo de la llamada delincuencia de cuello blanco", iniciar la revolución industrial y llegar a la cumbre de su poderío económico y político.

El mercado negro va estructurando y dando racionalidad económica a una forma "superior" de delincuencia, cada vez más orgánica, con mayor poder económico en sus manos ("capital negro"), que emprende negocios de creciente envergadura a los que incorpora tanto a elementos corruptos de la administración como a delincuentes comunes y hampones, y con cuyos dividendos financia nuevas actividades delictivas y acentúa su trabajo de corrupción y penetración. "Dios los cría y la Delincuencia los une…"

Es un desarrollo que hemos visto ya en los países capitalistas y en el ex campo socialista, camino conducente al llamado "crimen organizado", por lo que debe ser vigilado con la máxima atención en nuestro país, pese a que no existan condiciones facilitantes como en aquellos (pensamos en primer lugar en la predominio de las relaciones de mercado en la economía, que son sinérgicas con el mercado delincuencial [25]. En un sentido amplio incluimos también en este concepto de mercado negro actividades de esencia económica pero que no se basan en la apropiación violenta de bienes o valores, sino en producciones ilegales, como la de marihuana, actividades consensuadas (aceptadas o demandadas por la "víctima"), como la

---

[25] Barral, Fernando y Yusimith Barrera Camacho: "Una teoría económica de la delincuencia", Ponencia a la II Jornada Nacional de Criminología, La Habana, 13-15 octubre 1992.

estafa, el préstamo a usuario, el juego prohibido, la prostitución y otras.

Ahora bien, junto a este fenómeno bien caracterizado y con individualidad y significación propias, ocurren en el país innumerables compraventas entre particulares que no forman parte del mismo, y tienen una esencia y un significado radicalmente distintos. Se trata de transacciones no delictivas, aunque algunas de ellas pueden violar formalmente alguna normativa legal o administrativa, pero que no contradicen el principio de distribución socialista ni afectan seriamente los intereses de la sociedad. Se trata de lo que pudiéramos llamar "mercado gris".

A nivel fenoménico no siempre es posible determinar para una transacción dada a cuál de estos dos mercados pertenece, en particular si no se conceptualizan teóricamente sus rasgos comunes y diferenciales, cosa que hacemos a continuación.

Rasgos comunes al Mercado "Negro" y al "Gris":

- son transacciones al margen del Estado;
- sus precios se rigen por la ley de la oferta y la demanda.

Rasgos diferenciales:

- El origen de las mercancías circulantes en el Mercado Negro es ilegal (robadas o sustraídas al Estado o a particulares), mientras en el Mercado Gris es legal (producidas, poseídas o compradas legalmente).
- La afectación o daño al producto social es considerable en el Mercado Negro, e inexistente o despreciable en el Mercado Gris.
- Los "proveedores" o "suministradores" del Mercado Negro son delincuentes (marginales u ocupacionales), mientras los del Mercado Gris son ciudadanos corrientes.

- Los "operadores" del Mercado Negro son los comerciantes ilegales conocidos como "macetas" (burócratas enriquecidos). En el Mercado Gris no hay operadores especializados, todos los actores son, indistintamente, según los casos, suministradores - vendedores y compradores.
- La forma dominante de la mercancía en el Mercado Negro es Valor, mientras en el Mercado Gris es el Valor de Uso.
- En el Mercado Negro la ganancia se concentra en manos de los macetas, quienes se enriquecen; en el Mercado Gris nadie se enriquece sensiblemente, pues los ingresos y los gastos se equilibran.
- El objetivo del Mercado Negro es el enriquecimiento, el del Mercado Gris el consumo.
- En el plano ideológico la búsqueda incesante de mayores ganancias en el mercado negro genera una ideología burguesa (ambición e individualismo), lo que no ocurre en el mercado gris, que se limita a aumentar el consumismo.

La principal conclusión que se deriva de este análisis es que una parte importante de esto que hemos llamado "Mercado Gris" es un mecanismo adaptativo, aunque espontáneo, ante la rigidez del sistema de distribución estatal en la presente situación de escasez crítica de recursos, por lo que proponemos denominar a este último "Mercado de Reajuste".

El mercado negro y el de reajuste son dos extremos dentro de la economía subterránea, pero como éste no es un concepto totalmente determinado incluye también otros componentes que será necesario sistematizar para darle un contenido verdaderamente concreto y científico. En efecto, existe una gama de fenómenos diversos, algunos de origen delictivo pero que no se incluyen en el mercado negro (apropiaciones delictivas con fines de uso o consumo, es decir, sin afán de lucro, por ejemplo) y otras que constituyen más bien negligencias o violaciones administrativas de menor importancia, nos referimos a conceptos como el de faltantes, mermas, y otros.

Otro concepto importante dentro de nuestra economía sumergida es el de las producciones y servicios (especialmente estos) por cuenta propia, que abarcan desde los excedentes de la producción agrícola privada hasta una infinidad de servicios como: costurera, manicura, mecanografía, clases, cuidado de niños, ancianos y enfermos, mecánica, limpieza de calzado, reparaciones domésticas de todo tipo y los paladares, las fregadoras de carros y otras actividades aprobadas por el Estado. El grado de legalidad de estas actividades es muy diverso, pues su regulación legal y administrativa también ha sido muy cambiante de un período a otro, y lo mismo puede decirse del grado de vigilancia, exigencia y controles ejercidos sobre ellas. La evaluación de su utilidad es difícil, pues, por un lado, se sirven en alguna medida, de recursos sociales no destinados originalmente a ese fin, pero del otro, resuelven problemas que el Estado no puede, o lo hace deficientemente, a la vez que una persecución estricta de estas actividades requeriría un mecanismo burocrático poco deseable.

2.2. La economía sumergida es una categoría histórica.

Encabezamos esta sección con una afirmación tajante para salir al paso de inmediato al uso ecléctico del término, dándolo como equivalente para nuestra sociedad y para los países subdesarrollados no socialistas, sin tener en cuenta diferencias específicas, por el hecho de pertenecer a formaciones socioeconómicas distintas. Observamos, entre otras posibles, las siguientes características estructurales que condicionan la economía sumergida de los países capitalistas subdesarrollados:

- Los medios de producción no están socializados, lo que faculta su adquisición y utilización fuera de los mecanismos oficiales para producciones y servicios secundarios o de poca monta pero con una racionalidad económica (actividades por cuenta propia).

- La existencia del desempleo forzoso, que obliga a millones de personas a buscar medios de supervivencia alternativos.

En los países capitalistas hay congruencia entre la economía sumergida y la economía oficial: ambas son economías de mercado, lo que facilita su interpenetración recíproca. Esto es válido para el conjunto de la economía sumergida y también, muy expresamente, para las relaciones económicas delincuenciales: mercado negro y su fase superior, monopólica: el crimen organizado, del cual el narcotráfico es la forma más desarrollada.

En cambio, gran parte de nuestra economía sumergida, por ser de índole mercantil, es contraria a la economía planificada.

Hay también una diferencia importante, aunque más bien de índole coyuntural: la grave penuria de recursos por la que atraviesa nuestro país.

Nos ha parecido conveniente reseñar estas diferencias, que no son las únicas, a fin de evitar comparaciones mecánicas. Pero hay también factores comunes que pueden exacerbar coyunturalmente estas actividades mercantiles sumergidas, compatibles o no, según los casos, con el modo de producción socialista.

Así encontramos, en primer lugar, situaciones extremas, como las de guerra, posguerra y el doble bloqueo que sufre actualmente Cuba. También, determinadas prohibiciones de actividades económicas a clases, capas y grupos sociales, e incluso, en algunos países a minorías étnicas.

Los primeros ejemplos contemporáneos de estas situaciones extremas, en el período de transición al socialismo, las vimos en la Rusia Soviética al término de la Primera Guerra Mundial, situación que fue analizada profundamente por Lenin[26] en varios trabajos de la época, con enseñanzas útiles si se toman en cuenta las diferencias concretas con respecto a nuestra situación. La más importante tal vez sea la inexistencia (desde la Ofensiva Revolucionaria) en nuestro país de una pequeña burguesía como la que había entonces en Rusia, y que Lenin caracterizó en los siguientes términos:

"El pequeño burgués tiene reservas de dinero, unos cuantos miles acumulados por medios "lícitos" y, sobre todo, "ilícitos", durante la guerra. Tal es el tipo económico característico, como base de la especulación y del capitalismo privado. El dinero es el certificado que les permite recibir riquezas sociales, y los millones de pequeños propietarios guardan bien ese certificado, lo ocultan del Estado, no creyendo en ningún socialismo o comunismo, esperando que pase la tempestad proletaria"[27].

Así pues, aunque el surgimiento de la economía subterránea tiene orígenes comunes en distintas sociedades, el carácter concreto de la ciencia obliga a buscar y encontrar las relaciones ulteriores de la actividad y comprobar su compatibilidad o no con los preceptos y fundamentos económicos, sociales y políticos que sustenta cada una

---

[26] Castro, Fidel: Discursos, comparecencias e intervenciones en plenarias entre abril de 1986 y febrero 1987.

[27] Cuéllar, Bienvenido: Comunicaciones personales. Santa Clara, 1992.

de ellas. Efectivamente, la economía subterránea en las condiciones del capitalismo se diferencia sustancialmente de la existente en las condiciones de un país que pretende avanzar sobre fundamentos económicos y sociales diametralmente opuestos, como es el caso de la Revolución Cubana.

Remarcamos en la anterior cita Lenin considera a la especulación como una nueva modelación de la lucha de clases, y por lo tanto, como saboteadora de las medidas que toma el proletariado en favor de las grandes mayorías. La siguiente cita concreta aún más las implicaciones criminológicas y políticas de esa actividad económica:

"Pero los elementos de la pequeña propiedad y del capitalismo se valen de muchos medios para minar la situación jurídica, para abrir paso a la especulación y frustrar el cumplimiento de los decretos soviéticos"[28].

Dentro de la economía sumergida cubana, las relaciones económicas propiamente delincuenciales (mercado negro), se caracterizan por ser totalmente parasitarias, pero interactúan fuertemente con la macro y la microeconomía, de las que extraen una parte significativa del producto necesario y del producto adicional en forma de valor de uso, y en menor medida, de valor. Remarcamos que los resultados se miden en ambos términos, por lo que la pérdida de uno conlleva la del otro, pero lo esencial son las apropiaciones en términos materiales. Esto debe quedar reflejado por los indicadores del sistema nacional de contabilidad, en cuentas como las de pérdidas y mermas, faltantes pendientes de ajustes, además de los informes de las auditorías y

---

[28] Che Guevara, Ernesto: "consideraciones sobre los costos", Revista Nuestra Industria, La Habana, 1965.

verificaciones fiscales.

En las mencionadas actividades participan tanto delincuentes ocupacionales como marginales, e incluso una parte de la población que no podemos considerar delincuencial, en hechos involuntarios, por ejemplo, así como en la realización final de las actividades económicas ilícitas, en que no siempre es posible determinar el grado de ilegalidad o legalidad de las mercancías que se ponen a la venta por particulares.

2.3. Economía política del mercado negro delincuencial.

Uno de los objetivos básicos de la investigación científica del mercado negro y sus relaciones con la delincuencia marginal y la ocupacional, principal fuente de insumos al mismo, tanto a nivel empírico como teórico-hipotético, consiste en determinar la captación, distribución, cambios y destino final de lo sustraído a las entidades estatales, cooperativas, empresas mixtas y otros negocios y demás agentes económicos reconocidos por la ley, blancos -y a menudo cómplices- de la actividad delictiva. El descubrimiento, sistematización y ulterior cuantificación de las relaciones y procesos causales y de desarrollo de estas relaciones económicas (con sus derivaciones sociales, sociopsicológicas, políticas y jurídicas) delincuenciales son el prerrequisito insoslayable para hacer un pronóstico de su desarrollo futuro, elaborar y aplicar una estrategia eficaz y evaluar durante la ejecución su eficacia práctica.

Una importante ayuda heurística a tener presente es que una economía no es un conjunto caótico de acciones económicas, sino un sistema de relaciones regidas por un principio básico, tanto en su estructura como en su funcionamiento. En el caso del mercado negro delincuencial esto no es solamente una consideración conceptual, sino un hecho empírico observable no solo por el investigador científico, sino por todos y cada uno de los profesionales que participan en la lucha contra la delincuencia: policías, abogados, fiscales, jueces y personal penitenciario, entre otros. Y este sistema tiene una unidad estructural y funcional, una célula económica básica de la que se constituyen luego las relaciones y procesos más complejos. El modelo simplificado de esta célula económica es el siguiente:

Modelo estructural.

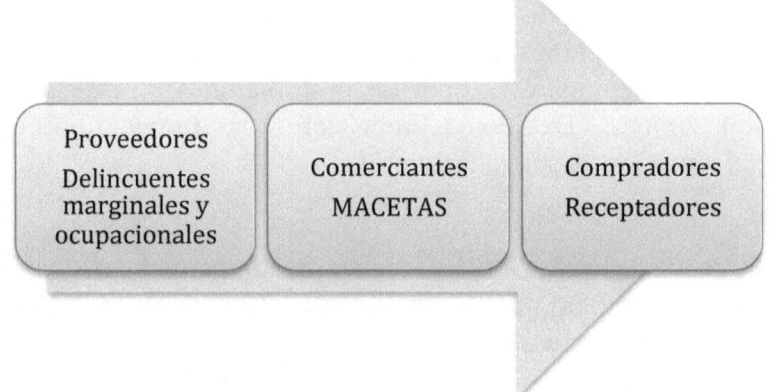

Modelo funcional.

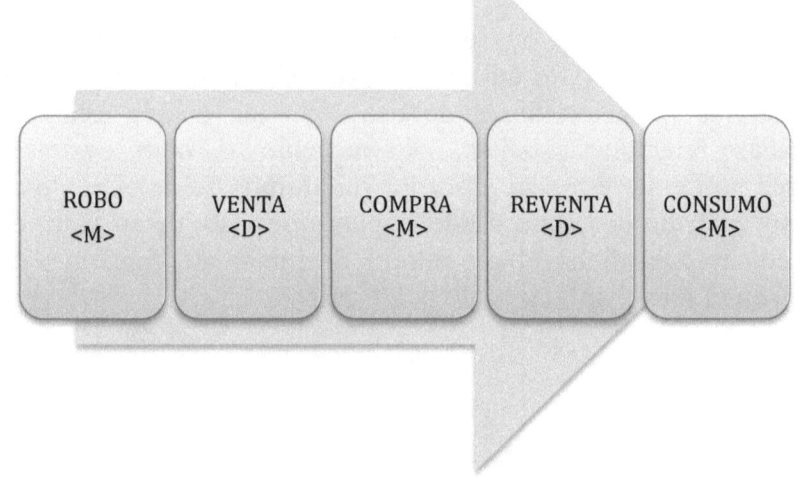

M= Mercancía, D = dinero

2.4. Acción de las leyes económicas.

Hablar de la acción de las leyes económicas en esta forma atípica de economía es complejo, por la forma misma de su actuación, muy adaptativa a las situaciones cambiantes, tanto de tipo económico, como social y político, así como por las prohibiciones y persecución de que son objeto. Debido a todo ello la mercantilización delincuencial sigue sus propios derroteros.

Hablaremos de un conjunto de leyes que se complementan, sin las cuales difícilmente hablaríamos el lenguaje de la Economía Política. Nos referimos a la vigencia de la ley del valor, a la ley de la ganancia como móvil y finalidad en sí misma, que fundamenta la conveniencia de su existencia y, por último, a la ley de la acumulación, que pone en acción el sistema, ya que fundamenta la utilización de los más variados métodos en pos de perpetuarlo a escala cada vez mayor, hasta convertirlo en modo de vida dominante en la sociedad.

Sobre la ley del Valor. Con respecto a otros tipos de economía mercantil, el mercado negro cubano no produce prácticamente nada, ninguno de los bienes (valores de uso) con los cuales establece determinadas relaciones sociales. El artículo o bien sustraído ilegalmente no le interesa a su poseedor (ilegítimo) desde el punto de vista de su valor de uso, sino desde el punto de vista de su valor de cambio, con lo cual dicho objeto adopta de inmediato funciones de mercancía en el más amplio sentido del término [29].

---

[29] Domínguez, M. I., Espino, M.: "Tendencias del desarrollo de la estructura social de la juventud cubana", ACC, 1986.

Lo anterior ocurre debido a que cuando existe el dinero mediando las relaciones entre los hombres aparece lo que Marx denominó incongruencia entre valor y precio; así pueden aparecer - y de antiguo han aparecido - objetos que no eran producto del trabajo y sin embargo tenían que ser considerados porque objetivamente se compraban y se vendían a determinados precios. Algo similar ocurre con los bienes ilícitos, pero con la diferencia de que estos últimos sí son productos del trabajo, y además encierran un valor que no se había realizado por su productor, de ahí que se hable efectivamente de un proceso redistributivo a la hora de fijar precios que determinan, en última instancia. El nivel de apropiación de esos excedentes contenidos en las mercancías creadas por la sociedad en su conjunto.

El objeto, por lo tanto, se destina a la venta en dinero, dinero que ya existe en la sociedad, dinero que de por sí no conoce fronteras ni intenciones, más que las de su poseedor. Poseedor que no puede realizarse completamente producto de las limitaciones de la propia producción, de los servicios, a la forma restringida en que puede participar de los nuevos valores creados; problemas propios de una economía en transición, a lo cual se le agrega el ataque a los bienes en poder del Estado y de otras entidades económicas.

Veamos los razonamientos:

El valor de cambio no se realiza hasta que no se encuentren y se pongan de acuerdo los suministradores y los receptadores (ver cuadro estructural anterior).

Los precios son siempre expresiones monetarias del trabajo abstracto humano homogéneo contenido en la elaboración de las mercancías, son, por consiguiente, una expresión de valor. Este valor tiene sus peculiaridades, por cuanto la mercancía está preñada, pero quien la posee no es su dueño legítimo.

De esta manera los factores determinantes en el establecimiento del precio son más bien de carácter especulativo, y entre ellos proponemos se consideren los siguientes:

- el número de clientes potenciales;
- el grado de saturación de la demanda;
- el riesgo de ser delatado, que aumenta en proporción al número de contactos efectuados para intentar la venta.

Estos factores no expresan por sí solos la racionalidad del precio hasta que se logra encontrar límites superiores e inferiores de fijación.

El límite o rango de diapasón de los precios llega cuando la actividad deja de ser fortuita; el rango es un resultado, un estado de conformidad que permite a los contractuantes ponerse de acuerdo. En este encuentro una de las partes (el "maceta" o comerciante ilegal) tiene una posición negociadora más fuerte, lo que le permite, en última instancia, fijar los precios.

A la hora de comprar, el "maceta" o comerciante ilegal toma en cuenta los siguientes elementos:

- la concertación de estos precios de compra con otros agentes compradores como él, lo que depende de su comportamiento en el mercado;
- la urgencia o necesidad que tiene el ladrón por vender su mercancía, sea debido a necesidad económica propiamente dicha, sea porque cuanto mayor tiempo la tenga en su poder mayor es el riesgo de ser descubierto;
- el comerciante ilegal, en cambio, tiene mayor capacidad de regateo porque no tiene esa prisa;
- los anteriores elementos se atenúan cuando el ladrón ya

roba por encargo del "maceta" o comerciante, y hay un precio más o menos prefijado entre ambos.

A este comerciante que acabamos de ver en la posición de compra volvemos a encontrarlo después en la posición de venta final, al receptador usuario, aunque esta última transacción se va alejando de él en la medida en que prospera el "negocio" y emplea vendedores para ejecutar las ventas directas. En esta posición de venta los "macetas" toman en consideración los siguientes elementos o factores:

1. la demanda de la mercancía ofertada;
2. el estado de la oferta, o estimados de sentido común acerca de las expectativas futuras de dicho estado;
3. la solvencia de sus clientes;
4. la aparente legalidad de la operación;
5. el riesgo corrido;
6. el precio oficial; en caso de que el precio oficial esté fijado en dólares se toma en consideración la tasa de cambio del dólar en la bolsa negra;
7. el precio corriente del artículo en el mercado negro.

Al igual que ocurre en los mercados capitalistas oficiales, el mercado negro es sensible a las informaciones sobre el estado de la economía y las finanzas en el país, así como a las noticias y decisiones en materia de política económica y financiera que se aplicará en el futuro, aunque estos procesos evaluativos se hagan a nivel informal en este ámbito.

Antes de pasar a otro punto conviene hacer una breve reflexión acerca del papel que juega la escasez en el mercado negro delincuencial, y en el desarrollo de la delincuencia en general. Existe una opinión muy generalizada en el sentido de que la escasez tan aguda existente en nuestro país en la actualidad es la causa más importante de la delincuencia. Este argumento merece una consideración detenida, porque hay fuertes evidencias en su contra, que a menudo se obvian dando lugar a explicaciones falaces no siempre desprovistas de sutiles matices diversionistas.

En primer lugar, está el incontrovertible hecho de que la delincuencia mercantil alcanza sus niveles superiores: el crimen organizado y el narcotráfico, justamente en los países capitalistas más desarrollados, donde no puede hablarse de "escasez". Fidel Castro citó un ejemplo que viene al dedo: el hecho de que en Holanda, país que tiene el más alto per cápita de bicicletas, los robos y hurtos de estos vehículos y sus accesorios constituyen el principal problema delictivo que debe afrontar la policía de ese país.

Y en segundo lugar tenemos un ejemplo, que podríamos considerar casi como un experimento social espontáneo (valga el aparente contrasentido entre "experimento" y "espontáneo", pero utilizamos la expresión como equivalente a la de "experimento natural", más conocida). Nos referimos a lo que ocurrió al abolirse la "ley seca" en los Estados Unidos. Es sabido que durante su vigencia los gángsters hicieron fortunas fabulosas con la fabricación ilegal, contrabando y expendio de bebidas alcohólicas, pero ¿acaso la delincuencia organizada disminuyó después de su abolición?, ¿acaso la mafia dejó de incrementar sus ganancias?, ¿acaso disminuyeron los delitos en general, o la economía sumergida en su conjunto? Como es sabido, nada de eso ocurrió, sino todo lo contrario: esos comerciantes ilegales, fuera de la ley y de todo control financiero, policial o judicial, sin escrúpulos por el recurso a cualquier método, por violento que fuera, al igual que el Capital original que Marx demostró que nació "chorreando sangre y lodo", encontró nuevos campos de operaciones y nuevos métodos, acumuló billones de dólares, que luego "blanquera" en altísima proporción gracias a su penetración de los medios financieros, políticos, estatales y gubernamentales, hasta ocupar posiciones en gran medida legitimadas en el "Establishment" imperialista. Es decir, que el reemplazo de la escasez por la abundancia no redujo la economía sumergida ni el mercado negro en particular ni la delincuencia que lo opera.

Sin ir tan lejos, hay un ejemplo doméstico que también es ilustrativo de lo anterior. Nos referimos a la escasez que registró nuestro país en los años sesenta, y que no se acompañó de los actuales niveles de compraventas ilegales, que, sin embargo, comenzaron un crecimiento descontrolado a fines de los años setenta, cuando la situación económica era relativamente favorable.

Volviendo al hilo de nuestra exposición sobre la acción de las leyes económicas en este "núcleo duro" o "eslabón decisivo" de la economía subterránea, recalcamos que las ganancias que proporciona se derivan de la apropiación violenta de una parte de los excedentes creados por la sociedad, desde el punto de vista del valor y del valor de uso tal como se miden los resultados en la macro y micro-economía, a través de un sistema de relaciones redistributivas (ilícitas) de corte neocapitalista. Al igual que en el sistema capitalista convencional, estos comerciantes ilegales, popularmente conocidos por "macetas", sin participar directamente en el proceso de creación del valor, se apoderan participando de su apropiación fuera de la ley.

Quienes actúan en la esfera de la producción, y por lo tanto, de creación del valor son las entidades estatales, cooperativas, las empresas que entran en el término "Capitalismo de Estado" y otras personas legalmente contempladas en el rango de productoras; en ellas y contra ellas se opera la primera relación inicial de la economía subterránea delincuencial, por lo que su posición podemos caracterizarla como de "blancos-cómplices" o "víctimas-cómplices".

La actividad delictiva no tendría la gravedad que ahora reviste si consistiera en una sustracción o apropiación simple, siguiendo el conocido ciclo:

ROBO> > > > VENTA> > > > COMPRA PARA USO DIRECTO

Pero no se limita a este ciclo, sino que por un proceso de selección de los bienes sustraídos no consumibles directamente por el sustractor (ladrón callejero o "ladrón ocupacional", según los casos) el cambio extra-económico del bien sustraído recibe un determinado valor cualitativo, en los actos de reventa, que provoca una creciente complejización del proceso, creando así condiciones para la actividad lucrativa de determinado grupo social, y pasando a estar regido todo ello por las leyes conocidas de la economía mercantil, sujetas a particularidades derivadas del carácter ilegal, y por lo tanto, de ser objeto de persecución estatal, en cuyo conocimiento tratamos de profundizar.

Lo anterior conduce a que, si bien estas actividades están "sumergidas" (economía "subterránea" o "sumergida"), se complejizan e interactúan como un sistema económico sometido a leyes, y, más aún, interactúan económica y financieramente con el resto de la economía (la parte legal, o visible del "iceberg"), lo cual puede expresarse simbólicamente con la siguiente fórmula:

$$Gmi = VM.P'.R - (Ge - M)$$

donde:

Gmi = ganancia mercantil del comerciante ilegal ("maceta");

VN = volumen de mercancías que comercializa ilegalmente;

P´= diferencia entre el precio de venta y el de compra;

R = velocidad de rotación del capital ("negro") inicialmente invertido;

Gc = gastos de circulación del "maceta";

M = "mermas" debidas a ocupación de "mercancías" por la intervención de las autoridades.

Otra posible representación del anterior ciclo es la siguiente:

$$Gml = I - S$$

donde:

I = ingresos del "maceta" o comerciante ilegal;

S = salidas o gastos del "maceta".

A su vez, cada uno de estos términos incluye los siguientes componentes:

L = V. PV

donde:

V = número de ventas, y

PV = precio de venta.

Por otro lado:

S = (C.PC) + gp + gs +gc.

donde:

C = número de compras;

PC = precio de compra a los proveedores;

gp = gastos personales;

gs = gastos para sobornos y tráfico de influencias, y

gc = gastos de "circulación" (pagos a colaboradores, comisionistas, "empleados", etc.).

Barral y Aldana

Todo lo anterior desarrolla la forma de movimiento antes representada:

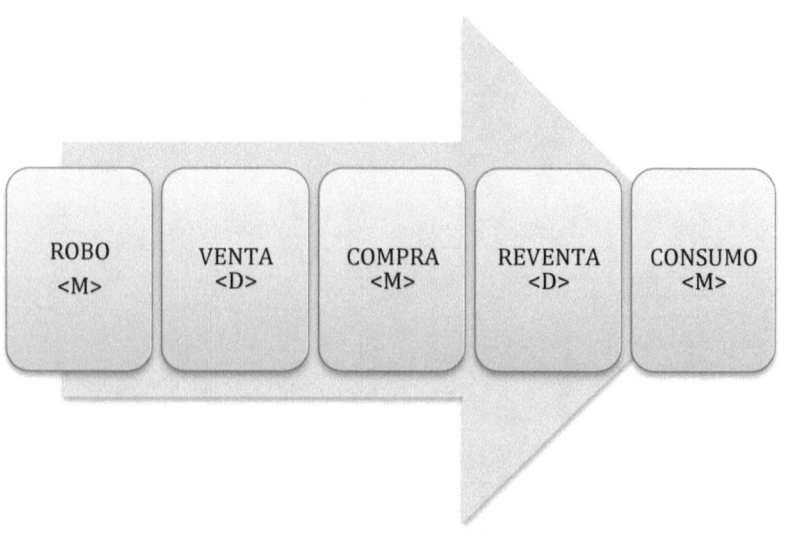

Este es el ciclo económico del comerciante ilegal ("maceta"), caracterizado por la forma mercantil del movimiento, por ser la forma dinero, y por tanto, la valorativa, la dominante, por la búsqueda del "certificado" que da derecho a su poseedor coyuntural e ilícito (es decir, no propietario), a recibir riquezas sociales.

Por su esencia, estos operadores del mercado negro no son capitalistas en el sentido integral del término, ya que no son propietarios de medios de producción (aunque pueden ser, según se complejizan los negocios hasta adquirir dimensiones corporativas) poseedores (ilícitos) de ellos, y, por lo tanto, no son esencialmente productores de los objetos que comercializan, sino que se apropian de ellos por la violencia, pero sí funcionan como capitalistas en la esfera de la distribución, la circulación y - en parte - el consumo, además de que, como veremos a continuación, crean un valor que reinvierten como capital y que se reproduce ampliamente, a imitación de lo que ocurre en la macroeconomía.

Esta forma de movimiento del dinero es, efectivamente, semejante a la del capital, pero los "macetas" no se derivan genéticamente de la antigua clase burguesa existente en el país, sino que son resultado de nuevas relaciones de producción surgidas subrepticiamente, al margen de la ley, en el seno de la sociedad socialista, de ahí que sea conceptualmente denominarlos elementos neocapitalistas, como lo hizo Fidel Castro en 1986[30].

La repetición del ciclo que hemos descrito nos muestra la acción de la ley de la acumulación, por la cual se destina a ello una parte de los ingresos (claro está, siempre que las operaciones implicadas hayan tenido éxito). El incremento de los ingresos en dicho mercado (a costa fundamentalmente de los recursos sociales) incrementa su carácter parasitario, y genera de forma continua ideología capitalista en quienes lo operan, como resultado directo de su praxis económica. En el caso de todos aquellos que actúan como agentes del mercado negro desde posiciones y funciones dentro de la economía oficial (o dentro del aparato político del Estado, para los elementos corruptos) el proceso puede caracterizarse como de desclasamiento subjetivo, con los riesgos de todo tipo que estos fenómenos implican para la sociedad socialista[30], ejemplificados aleccionadoramente - como un componente parcial, pero importante - del proceso de desmoronamiento histórico de la ex Unión Soviética.

2.5. CONCLUSIONES

1. El término "economía subterránea", o "sumergida" (expresiones metafóricas, más que conceptos científicos) en

---

[30] Greenberg, D.: "Crime and Capitalism", Mayfield Publ. Co., USA, 1981.

83

nuestro país denota un conjunto heterogéneo de fenómenos económicos, de distinta esencia, magnitud y significación práctica, que requieren una consideración diferenciada, tanto a nivel conceptual, como para su diagnóstico empírico, su pronóstico y la estrategia y políticas para enfrentarlos.

2. El componente esencial es el llamado "mercado negro" o "bolsa negra", (expresiones igualmente metafóricas), que caracterizamos económicamente como un sistema mercantil de tipo neocapitalista, o en otras palabras, como un conjunto de relaciones de producción (en el sentido amplio del término, no restringido a la esfera de la producción) de corte neocapitalista, donde ocurre la reproducción ampliada del capital ilegalmente obtenido ("negro").

3. La capa neocapitalista que opera el mercado negro, en condiciones de escasez vende a sobreprecio, pero en condiciones de abundancia sigue obteniendo grandes ganancias vendiendo a bajo precio o buscando mercancías y servicios que el mercado oficial no oferta, entre otras numerosas variantes.

4. Criminológicamente, el mercado negro no es más que una fase del desarrollo de la delincuencia parasitaria, consecutiva a la apropiación delictiva simple, y antesala de formas más complejas y agresivas del delito, conocidas internacionalmente como "crimen organizado".

5. El mercado negro coexiste e interactúa con otros conjuntos de relaciones económicas informales, algunas meras consecuencias de deficiencias subjetivas de la economía socialista, otras, en cambio, mecanismos espontáneos adaptativos a las dificultades objetivas derivadas de la escasez de recursos y de las dificultades que esto provoca a la hora de

materializar los principios de distribución socialistas (Mercado Gris).

6. Los hechos y deducciones expuestas permiten inferir que el mercado negro, dado su carácter delincuencial, su organicidad, las redes asociativas entre los elementos que lo operan, la experiencia delictiva y peligrosidad de sus miembros y el grado de información, poder económico y relaciones entre ellos y distintas entidades económicas y de otro tipo, no puede ser controlado y mucho menos reducido, por simples medidas macroeconómicas.

7. Por tratarse del germen de una clase emergente de esencia neocapitalista, que reproduce relaciones económicas e ideológicas antagónicas con el socialismo, este fenómeno tampoco puede ser combatido con el enfoque penal convencional, sino por una estrategia más integral[31].

---

[31] Grogg, Patricia: "Delincuencia y contrarrevolución", Rev. Cuba Internacional, junio 1991.

III. DELINCUENCIA OCUPACIONAL

3.1. Orígenes históricos.

Con el pujante desarrollo del Capitalismo, fue surgiendo una numerosa clase media, muchos empleados y jefes de distinta categoría, que empezaban a acceder, desde el eslabón inferior de la escala, a las relaciones de distribución, dirección y control. Así empezó a desarrollarse la Burocracia capitalista, que jugaría un importante papel en el advenimiento de la delincuencia ocupacional. De entre sus filas, no tardaron en surgir individuos que, conocedores de las triquiñuelas de la administración, inventaron las formas de servirse de ellas en su propio beneficio.

Este fenómeno se intensificó a medida que las empresas, consorcios y compañías estatales, se tornaban más poderosas y complejas al entrar en relaciones con empresas y firmas extranjeras. Así es como surge y se desarrolla la Delincuencia Ocupacional, en su insaciable búsqueda de mayores ganancias.

En la Cuba mediatizada, la delincuencia ocupacional asociada, en muchos casos, a la mafia norteamericana, también alcanzó un grado elevado de desarrollo[32], aupada por las máximas jerarquías

---

[32] Enrique Cirules, La vida secreta de Meyer Lansky en La Habana, 2004.

gubernamentales y militares. Pero la Revolución la desmanteló, eliminó la "botella"[33] y otros negociados ilícitos.

El gobierno revolucionario asestó un golpe mortal al capitalismo heredado, nacionalizando en un breve lapso de tiempo la electricidad, el gas, el teléfono, la tierra, los grandes latifundios y otras ramas fundamentales de la economía.

Por así decir, el Capitalismo quedó descabezado, reducido a pequeños negocios, los cuales no tardaron mucho en ser nacionalizados también.

En estas condiciones, se comenzó la reconstrucción del país, que tuvo como hitos principales, los siguientes:

En la industria: El gigantesco Ministerio de Industrias, que abarcaba actividades que antes correspondían a más de un ministerio, En la Agricultura: la Reforma Agraria.

No se había contado con un factor, la deserción y salida del país de miles de técnicos, especialistas y dirigentes con expediente.

Todo esto obligó al Estado Revolucionario a movilizar miles y miles de trabajadores y cuadros de la Revolución para cubrir los puestos que habían quedado vacantes. No tenían experiencia alguna y así fueron los errores que se cometieron.

---

[33] Modo de medrar de los políticos corruptos de la seudo república, cobrar por empleos ficticios, sin hacer nada.

Por otro lado, las nuevas y crecientes relaciones con el campo socialista, trajeron otros tantos miles de técnicos y especialistas de estos países. Estos generalmente, eran experimentados, pero no conocían el país ni la idiosincrasia del pueblo y traían experiencias que no siempre se acoplaban a las necesidades del país.

Poco a poco, generalmente a costa de traspiés y errores, se fue consolidando la masa de trabajadores, especialistas y dirigentes de la industria, la agricultura y el comercio. Un gigantesco esfuerzo educativo contribuyó a lograrlo.

En aquellos años, el delito de cuello blanco, por definición, no existía y la delincuencia marginal también llegaba a niveles relativamente bajos por la fuerza de la conciencia. La mayor parte de la acción de las fuerzas del orden estaba dirigida a combatir actividades delictivas dirigidas y orientadas por los Estados Unidos: sabotaje, espionaje, contrarrevolución y actividades de bandidismo.

Hacia 1968, con la nacionalización de una amplia gama de comercios y servicios, ya esta situación estaba en lo fundamental controlada y el país pudo dedicarse más de lleno al desarrollo económico y social[34]. A partir de entonces también la delincuencia ocupacional en Cuba comienza a estructurarse.[35]

---

[34] Para un análisis más detallado sobre la aparición y efectos de la Burocracia en el desarrollo económico y social de los países del Tercer Mundo en los que triunfan revoluciones sociales, véase a Bahro, Rudolf, "Por un comunismo democrático. La alternativa. Contribución a la crítica del socialismo realmente existente". Editorial Materiales, Barcelona, 1979.

[35] De la Cruz Ochoa R. El delito, la criminología y el derecho penal en Cuba después de 1959.

3.2. La población delincuencial ocupacional.

No tiene características específicas que la distingan del resto de los trabajadores[36] Esto vale para los indicadores: edad, sexo, color de la piel, nivel de escolaridad, que se comportan igual en la población delincuencial ocupacional que en el conjunto de los trabajadores. Esto significa que los delincuentes ocupacionales no proceden de ningún grupo social preexistente. Sin embargo, como veremos más adelante, la realización por lo general en forma asociada de las actividades delictivas por sus comisores va diferenciando paulatinamente a éstos del resto de los trabajadores (grupo post factum).

3.3. Características de la actividad delictiva de la Delincuencia Ocupacional:

- se trata de un *parasitismo*[37] por lo general *no violento*[38];
- su *esencia* consiste en que los involucrados desvían una parte de la mercancía o valores del Estado o una

[36] El término "trabajadores", en el contexto de la Delincuencia Ocupacional, incluye siempre también a los funcionarios y dirigentes, que en las clasificaciones laborales en uso en Cuba pertenecen también a la clase trabajadora.

[37] Por parasitismo se entiende vivir a costa de otro sin reciprocar el beneficio obtenido. El concepto proviene del mundo biológico. Aquí lo empleamos para designar la obtención ilegal o inmoral de beneficios de cualquier índole, con el consiguiente efecto dañino para la víctima o perjudicado.

[38] En la capital de nuestro país, entre los años 2003-2004, un "excluible" (delincuente marginal deportado de los EE.UU hacia Cuba) apaleó a dos comprobadores económicos por encargo de un funcionario de una entidad de comercio que estaba siendo inspeccionada por aquellos. Este hecho demuestra que la Delincuencia Ocupacional puede recurrir –de ser necesario- a la violencia física para defender sus intereses delictivos. Aunque este fue un caso extremo que recibió un severo tratamiento punitivo, es de señalar que la Delincuencia Ocupacional en Cuba se vale de sanciones administrativas y de sutiles formas de hostigamiento laboral y político para neutralizar a trabajadores o funcionarios honestos que se oponen a la corrupción y al desvío de recursos, lo cual es también una forma de ejercicio de violencia que generalmente queda impune dado su difícil probanza.

institución estatal o privada para su beneficio personal. También incluye el ejercicio lucrativo personal de servicios y funciones oficiales[39].

- las actividades delictivas se cometen gracias a las atribuciones y otras facilidades que les incumben a los comisores como trabajadores de un centro, establecimiento o nivel de decisión determinado[40];
- por lo general se trata de actividades delictivas reiterativas,
- la delincuencia ocupacional por lo general lleva a cabo sus actividades mediante la asociación de varios trabajadores o empleados; no es infrecuente que en un establecimiento pequeño exista una complicidad entre todos los trabajadores o empleados, incluyendo al administrador;
- entre los muchos delitos que configuran esta forma particular de delincuencia se encuentran los siguientes: Malversación, Apropiación Indebida, Estafa, Enriquecimiento Ilícito, Prevaricación, Abuso de Autoridad, Actos en Perjuicio de los Planes Económicos, Falsificación de Documentos y otros
- estas actividades delictivas generalmente comienzan en escala modesta, pero su monto se va incrementando paulatinamente a medida que se incorporan nuevos asociados o se extiende a niveles superiores de la jerarquía (podría afirmarse que la delincuencia ocupacional "trepa por el organigrama y la meritocracia"). Se perfecciona a su vez el modus operandi, y tienen un carácter bastante seguro;
- según la práctica va corroborando la certeza de los ingresos ilegales, éstos comienzan a operar sobre el

---

[39] El lector familiarizado con el Derecho Penal encontrará una expresión de ello en los delitos de Cohecho, Tráfico de Influencias, Negociaciones Ilícitas, etc., considerados con frecuencia como delitos paradigmáticos de la Corrupción Administrativa.

[40] Estas actividades delictivas tienen lugar en entidades productivas, de comercio, de gestión administrativa, de servicios, de control, fiscalización y otras, sean estatales o privadas. Los organismos políticos, aunque no frecuentes, no están excluidos.

consumo, que se va incrementando paulatinamente, de modo que la actividad delictiva se convierte en el principal medio de vida de los delincuentes ocupacionales, mientras que el trabajo pasa a ser un simple medio instrumental para la adquisición de los ingresos ilícitos; todo esto desarrolla fuertemente la habituación a la actividad delictiva;

- es de destacar también que los procedimientos administrativos y de control existentes no constituyen frenos eficaces a la actividad delictiva ocupacional. La Delincuencia Ocupacional, desde sus posiciones administrativas, entorpece y deforma los sistemas de control establecidos, volviéndolos inoperantes. La impunidad, consecuencia de lo anterior, facilita, refuerza y retroalimenta la actividad delictiva.

- por las características señaladas, la Delincuencia Ocupacional puede ser considerada como un proceso de corrupción que se extiende en el ámbito institucional, debido al cual las relaciones de circulación socialistas se degradan considerablemente, se burocratizan, sirviendo más bien como soporte a la actividad delictiva. Desde este punto de vista, la Delincuencia Ocupacional es considerablemente más peligrosa para el Socialismo que la Delincuencia Marginal.[41]

3.4. Victimalidad.

---

[41] Aldana Fong, Alejandro: *La eficacia de la reacción penal contra la delincuencia ocupacional.* Tesis para optar por el grado de Máster en Criminología, 2007.

En la Delincuencia Ocupacional es más apropiado hablar de perjudicados[42] que de víctimas; el máximo perjudicado es siempre el Estado. Este es un rasgo predominante, relacionado con la burocracia que le es inherente.

Las personas jurídicas perjudicadas por la Delincuencia Ocupacional son las entidades. En este caso resulta importante delimitar a qué niveles de la estructura organizativa del Estado y de la empresa privada han sido victimalizados hasta el presente. El caso más frecuente es el de establecimientos comerciales y gastronómicos, pero se han dado también incluso a nivel de ministerios.

3.5. Las sanciones a la Delincuencia Ocupacional.

Los delitos ocupacionales generalmente han sido tratados de forma más leniente por las autoridades[43] si se les compara con los marginales. Las sanciones se aplican con criterios jurídicos, a las figuras que el Código Penal estipula, y que no cubren totalmente el ámbito de los delitos ocupacionales. La legislación, que establece penas más benignas; los procedimientos, que son mucho más lentos y

---

[42] El criterio de distinción entre víctima y perjudicado que utilizamos aquí no es exactamente de tipo jurídico penal. La idea que queremos subrayar es que la victimización producida por este tipo de criminalidad es socio-económica y, a largo plazo, política, por lo que sus efectos exceden los límites institucionales de la entidad directamente afectada.

[43] Sin embargo, desde el año 2000, a partir del reconocimiento político de que la Corrupción puede destruir la Revolución, el Estado cubano empezó a trazar una política penal de mano dura contra los Delitos Económicos o asociados a la Corrupción Administrativa, lo cual ha implicado –entre otras decisiones y medidas– una aplicación extensiva de la prisión provisional y la solicitud de severas sanciones privativas de libertad y de carácter confiscatorio contra los autores y partícipes de estos delitos. Al respecto puede consultarse la Instrucción 1 del 2009 de la FGR sobre los procesos penales por delitos económicos o asociados a la corrupción.

engorrosos; y la persecución de que es objeto, en general es menos fuerte.

Por todo lo expuesto, el riesgo de los delincuentes ocupacionales es bajo, lo que asegura una alta impunidad, que, desde luego, se convierte en un mecanismo estimulador de la misma. Concomitantemente, el rechazo social y la estigmatización estatal contra estas actividades son también relativamente bajos, lo que contribuye al clima de impunidad general de que goza[44].

3.6. Evolución de la Delincuencia Ocupacional en Cuba.

El desarrollo de la Delincuencia Ocupacional en nuestro país transita por tres momentos sucesivos y coexistentes. Estos momentos podemos denominarlos: *apropiativo* o *parasitario inicial*, *expansivo* y *mercantil*. El primero de estos momentos ya fue explicado, por lo que nos limitaremos a esbozar las características del segundo y tercer momento, a saber:

Momento expansivo.

* Las actividades parasitarias ocupacionales son tanto más "productivas" y "seguras" cuanto más elevado es el cargo de los delincuentes en la jerarquía administrativa estatal[45]. Por tal

---

[44] Las políticas penales de mano dura y las medidas administrativas de estricto control y disciplina laboral no surten un efecto positivo de inmediato y su efectividad a mediano y a largo plazo es discutible. Entre otras razones, la dificultad estriba en que esas medidas son exigidas y aplicadas muchas veces por administraciones corruptas o burocratizadas, lo que conduce a un cumplimiento formal de lo indicado, con su consecuente ineficacia.

[45] En Cuba no se ha estudiado el grado de corrupción alcanzado por la dirigencia y la empleomanía de las entidades o empresas privadas, lo cual no significa que no

motivo, la Delincuencia Ocupacional presenta la tendencia a expandirse hacia arriba, pero también desde arriba. A esta tendencia podemos denominarla *expansión vertical de la Criminalidad Ocupacional*. La expansión hacia arriba generalmente va precedida de sobornos y compromisos personales; la expansión hacia abajo opera igual, pero incluye el ejercicio ilegítimo del poder administrativo, es decir, sanciones y hostigamientos de tipo legal y político con los cuales los dirigentes corruptos logran sustituir a los trabajadores que *"no convienen"* por otros que sí están dispuestos a corromperse o a no denunciar la actividad delictiva.

- La obtención de mayores ganancias también provoca que la Delincuencia Ocupacional incorpore áreas de la vida empresarial o institucional que son necesarias para optimizar el desvío de recursos o lograr impunidad. Así, por ejemplo, mayores niveles de robo en un almacén suponen una mayor participación encubridora de las áreas de contabilidad, economía y de protección y seguridad. Esta tendencia podemos llamarla *expansión horizontal de la Criminalidad Ocupacional*.

- Tanto la expansión vertical como la horizontal suponen la progresiva *especialización* y *organización* de la Delincuencia Ocupacional, lo cual asegura no solo una mejor ejecución del negocio ilegal de que se trate, sino una mejor defensa ante las redadas policiales, las inspecciones de control interno y las acusaciones penales[46].

---

exista y que no se rija, hasta cierto punto, por similares regularidades a las que presenta en las entidades y empresas estatales. De todas formas, los análisis que hacemos en esta obra se basan en observaciones y datos del desarrollo de la criminalidad ocupacional en entidades estatales cubanas.

[46] Es frecuente en los casos de delitos económicos que la documentación primaria que sustenta los resultados de las auditorías "desaparezca" antes de empezar el proceso penal o durante el desarrollo de este. También es común que decenas de trabajadores de una misma área y sospechosos de apropiación ilegal de bienes tengan todos la misma coartada o que "no sepan nada de nada" sobre lo que se

- La búsqueda de mayores beneficios motiva a estos individuos a emplearse en sectores como el turismo, comercio y gastronomía, las empresas mixtas y empleos en el extranjero, es decir, empleos donde hay *"búsqueda"*[47], arrastrando consigo los hábitos delincuenciales adquiridos y manteniendo antiguas "amistades" o "socios" con los cuales pueden establecer –desde las nuevas entidades y empleos- vínculos delictivos para seguir obteniendo ganancias.

- La expansión de la Criminalidad Ocupacional se genera no solo hacia el interior de las empresas e instituciones sino también hacia el exterior de estas, conformándose en ocasiones **redes delictivas inter-empresariales o inter-institucionales**. Estas redes criminales pueden llegar a involucrar niveles medios y altos de la administración o de la dirección de las entidades participantes. Las entidades así asociadas pueden pertenecer al mismo sector económico (p. ej.: comercio) o tienen que ver oficialmente con un mismo tipo de actividad (p. ej.: construcción, otorgamiento y legalización de viviendas.)[48] Por lo general, cuando la expansión llega a

---

investiga. Este "desconocimiento" es notorio en los equipos de custodios, brigadas de estibadores, o en el de turnos de trabajo en centros como mataderos o unidades distribuidoras de leche en polvo.

[47] El término "búsqueda" es un eufemismo popular referido a la posibilidad de adquirir ganancias personales a partir del desvío de recursos o de la realización de cualquier otro tipo de actividad ilegal que reporte beneficios materiales.

[48] En nuestro país el mercado negro en torno a los alimentos y la vivienda está muy extendido, organizado y especializado. Así, el proceso de construcción ilegal de una vivienda y su posterior legalización pasan necesariamente por una red delictiva ocupacional que incluye entidades como Planificación Física, la Unidad Municipal Inversionista de Vivienda, la Dirección Municipal de la Vivienda y la Notaría, entre otras, cada una con su estructura de funcionamiento, sus niveles de aprobación, sus trámites legales y su cuerpo de funcionarios y abogados especializados. En el 2012, se construyó ilegalmente una lujosa vivienda de dos plantas en un municipio capitalino. Cuando la Fiscalía examinó los documentos que acreditaban la supuesta legalidad del inmueble, constató que casi todos estaban en orden; de las pequeñas irregularidades detectadas en ellos, resultó que ninguno de los funcionarios de las

este punto es porque la Delincuencia Ocupacional ha entrado ya en su momento mercantil.

- Por su tendencia a la expansión no es raro que se creen dependencias administrativas burocráticas superfluas, para insertar a parientes, amistades y "socios".

- Como consecuencia del accionar extendido de la delincuencia ocupacional, las empresas o entidades sufren una merma de su eficiencia. Esto, frecuentemente, se achaca al "burocratismo", lo cual es parcialmente cierto, pero también esta delincuencia –en defensa de sus intereses- puede reproducir, y de hecho reproduce, la Burocracia.

- Según asciende en proporciones, la Delincuencia Ocupacional se confunde con la Corrupción Administrativa, un concepto aún no suficientemente definido.

Momento mercantil.

El proceso de expansión de la Delincuencia Ocupacional conduce a una *economía mercantil parasitaria compleja,* o sea, a un sistema de transacciones comerciales y –en menor medida- actividades productivas en el que participan delincuentes ocupacionales, mercantiles, el sector privado nacional y extranjero, así como la población. Se rige por la ley de la oferta y la demanda y tiene por objeto tanto bienes desviados del Estado como servicios prohibidos.

---

entidades mencionadas sabía nada. Aquellos que reconocieron alguna falla en su actuar profesional abrumaron a los interrogadores con tecnicismos justificativos. Nunca se supo la procedencia de los materiales de construcción. Lo tortuoso que fue el proceso penal para el esclarecimiento de ese caso es un ejemplo de la existencia de una red de Delincuencia Ocupacional *inter-institucional* notablemente organizada, especializada y eficiente.

Esta economía es conocida indistintamente como *mercado negro*, *economía sumergida* o *mercado informal*.

En comparación con la mercantilización marginal, el mercado ilegal formado por la Delincuencia Ocupacional tiene como rasgos distintivos los siguientes:

Sus actores suelen ser funcionarios, dirigentes y empleados estatales, los cuales no solo operan como suministradores de bienes y servicios, sino también como comerciantes, intermediarios, distribuidores y organizadores del mercado delictivo.

Las transacciones y servicios prohibidos se desarrollan -por lo general- dentro del espacio de actuación oficial de las empresas y entidades.

Utilización de los recursos informativos, contables, financieros, documentales, de almacenamiento y transportación de las entidades y empresas en función de las transacciones delictivas.

Participación de entidades estatales como clientes y/o beneficiarias.

Participación creciente del sector privado nacional o extranjero en roles de financista, consumidor directo o proveedor de servicios y bienes.

Atendiendo a lo anterior, puede decirse que la mercantilización ocupacional en nuestro país ha adoptado las siguientes formas concretas,[49] a saber:

Mercado Parasitario Empresarial,

Mercado Parasitario Marginal y

Mercado Parasitario Privado.

Estas tres formas concretas de mercantilización parasitaria ocupacional tienen hoy día distintos grados de interrelación, por lo que en ocasiones resulta difícil distinguir donde termina una y dónde comienza la otra. Ello obedece, en parte, a la diversificación de los modus operandi de la Delincuencia Ocupacional, pero también a las nuevas formas de organización económica aprobadas en el 2011.

A pesar de lo anterior, consideramos válida la clasificación propuesta porque permite identificar y particularizar el curso de desarrollo de *formas básicas*[50] de comercio delincuencial ocupacional existentes en el país.

---

[49] La clasificación propuesta se basa en la comercialización de bienes desviados. Las prestaciones de servicios ilegales y los tipos de financiamiento ilegal están pendientes de estudio y sistematización.

[50] Especialmente difíciles de clasificar dentro de la tipología propuesta son las prestaciones ilegales de servicios como forma de comercio parasitario ocupacional. Estas son muy variadas y a menudo aparecen vinculadas al tráfico parasitario de bienes. Por ejemplo, en los años 2000-2005 fueron frecuentes en la capital las asociaciones de brigadas ilegales de constructores particulares con funcionarios corruptos de empresas estatales para acometer reparaciones en escuelas y círculos sociales. En esta trama delincuencial, los funcionarios utilizaban la empresa como fachada de legalidad para la contratación con la otra entidad, y como receptora del cheque por el pago del servicio. Los delincuentes mercantiles (constructores) ponían los materiales de construcción —usualmente robados- y realizaban la obra constructiva. Para poder convertir el cheque en efectivo era común que los funcionarios recurrieran a fraudes documentales. La ganancia se repartía entre los brigadistas y los funcionarios corruptos. Otro ejemplo de prestación ilegal de servicios es el caso mencionado en la nota No.33.

Veamos sus características principales.

Mercado Parasitario Empresarial: Se denomina así porque la comercialización de bienes mal habidos se produce a través de empresas estatales o privadas, las cuales en ocasiones fungen como compradoras directas.[51] En otros casos, las empresas estatales son utilizadas como intermediarias ilegales –asociadas o no a delincuentes mercantiles y al capital extranjero- para la reventa final al cliente de que se trate.[52]

---

[51] Caso de la apropiación fraudulenta de varias toneladas de carne de cerdo, ocurrida entre el 2011 o 2012 en la capital, que fueron vendidas ilegalmente a entidades estatales para consumo de los trabajadores. Los precios finales de venta, altos pero aun así menores que los establecidos en el mercado paralelo, hicieron posible que se obtuvieran rápidas ganancias personales tanto por los funcionarios de la entidad compradora como por los que desviaron la carne del frigorífico, a quienes nada les costó el robo de esta.

También es común el desvío de materia prima con destino a panaderías y cafeterías estatales, en las que se realizan producciones "liberadas", es decir, fuera de la contabilidad oficial. La ganancia de estas producciones va íntegra al bolsillo de los delincuentes ocupacionales de las entidades proveedoras y receptoras. Similar modus operandi se sigue con las cervezas enlatadas sustraídas de los almacenes estatales y que luego son vendidas en centros estatales de comercio.

Un caso de comercio parasitario empresarial de gran organización inter-empresarial fue el denominado "Pan de Papel", tramitado en el año 2012 o 2013 en el municipio Habana del Este.

[52] Ejemplo típico de este modus operandi fueron los casos "Boletas" radicados en la capital en los años 2010 y 2011, para investigar desvíos fraudulentos de toneladas de carne de pollo y de cerdo de los frigoríficos utilizando a delincuentes mercantiles por un lado, y por el otro, a entidades gastronómicas y de comercio que actuaban como "tapaderas", es decir, supuestas receptoras y distribuidoras de la carne. Estas entidades gastronómicas, además, pagaron oficialmente a la Empresa Cárnica Provincial las supuestas recepciones de carne. Para mayor información sobre los modus operandi utilizados por los delincuentes ocupacionales en la comercialización de bienes mal habidos véase Aldana Fong, Alejandro, "Eficacia de

El *Mercado Parasitario Empresarial* es el que reporta mayores cuotas de ganancia, implica mayor grado de corrupción administrativa y es el más difícil de detectar y contrarrestar por vía penal debido a la complejidad de sus modus operandi y a la frecuente existencia de una red delictiva inter-empresarial o inter-institucional. Ha sido poco estudiado en Cuba.

Una variante del *Mercado Parasitario Empresarial* es la adquisición por delincuentes ocupacionales de mercancías elaboradas clandestinamente por productores ilegales, las cuales se revenden, fuera de control contable, en establecimientos estatales. Es previsible que con el desarrollo del cuentapropismo y la autorización a establecer relaciones mercantiles con entidades del Estado, se reduzcan las producciones clandestinas y su reventa en establecimientos estatales.

El Código Penal cubano vigente no penaliza de forma distintiva el *Mercado Parasitario Empresarial*. Algunos de los delitos que de alguna manera describen parcialmente esta compleja red mercantil parasitaria son: Malversación, Apropiación Indebida, Cohecho, Tráfico de Influencias, Negociaciones Ilícitas, Falsificaciones de Documentos Bancarios y de Comercio, Receptación y Actividades Económicas Ilícitas.

Aunque el Código Penal cubano tutela como bien jurídico "la Economía Nacional", los delitos que integran este título no están referidos al *Mercado Parasitario Empresarial*, sino – mayoritariamente- a una mala gestión económica y a actitudes arbitrarias, despilfarradoras e imprudentes en la administración de los recursos de la empresa.

---

la reacción penal contra la delincuencia ocupacional", Tesis de Maestría, 2007, capítulo I: Delincuencia Ocupacional y economía oficial en Ciudad de La Habana, páginas de la 30 a la 33.

Mercado Parasitario Marginal: se estructura en torno a las ventas de artículos mal habidos que realizan los delincuentes ocupacionales a particulares –o grupos organizados de particulares- con gran solvencia financiera, que tienen mayores posibilidades de mercado y que operan totalmente fuera de la ley. La actividad delictiva de estos revendedores es conocida como *Delincuencia Mercantil*[53] y adopta diferentes formas financieras, productivas y de comercio. Lo distintivo del *Mercado Parasitario Marginal* es que la venta y distribución ilegal de bienes ocurre por lo general fuera de las redes de comercio oficiales.

Un caso extremo de *Mercado Parasitario Marginal* es el de dirigentes y jefes de alto nivel que establecen conexiones con el narcotráfico internacional, como lo fue el caso del General Arnaldo Ochoa y los hermanos de la Guardia, en los 80.

Es probable que el *Mercado Parasitario Marginal* haya sido el primero en desarrollarse en Cuba. De hecho, es el más conocido y estudiado y también sobre el que más ha incidido la represión penal. Es de suponer que parte de este tipo de mercado parasitario haya sufrido modificaciones con el desarrollo actual de la actividad por cuenta propia.[54]

---

[53] Barral, Fernando, "Una teoría de la delincuencia en el Socialismo", 1995, inédito. De acuerdo a lo referido por este autor, el concepto de *Delincuencia Mercantil* fue desarrollado a partir del análisis de la evolución específica de la Delincuencia Marginal. Sin embargo, observaciones del mercado delictivo capitalino indican que la *Delincuencia Mercantil* también se nutre de la actividad delictiva ocupacional y tiene con esta mayor posibilidad de lucro y desarrollo económico.

[54] Antes de la aprobación en el 2011 de los Lineamientos de la Política Económica y Social del Partido y la Revolución y del impulso dado a la actividad por cuenta propia, el *Mercado Parasitario Marginal* floreció a través de restaurantes y dulcerías particulares, servicios de peluquería, albañilería, herrería, producción de artesanía metálica y plástica, ventas de aceite, carne de res, etc.

Mercado Parasitario Privado: está constituido por las transacciones entre funcionarios corruptos y cuentapropistas. Dichas transacciones pueden tener por objeto bienes del Estado vendidos ilegalmente por delincuentes ocupacionales a los trabajadores por cuenta propia, o prestaciones de servicios ilegales de estos últimos a las entidades estatales en beneficio de algún funcionario o empleado corruptos. Este mercado parasitario es hasta ahora el menos estudiado dado lo incipiente de la actividad cuentapropista.

3.7. Consecuencias de la Delincuencia Ocupacional.

Se afecta en forma creciente la vigencia de los principios y normas de la distribución socialista tal y como se aplican en nuestra sociedad. Podría pensarse que "los ladrones se enriquecen a partir de las víctimas"; esto en realidad raramente ocurre, entre otras cosas por la propia subcultura y modo de vida de la delincuencia marginal, en cambio, sí es cierto que los malversadores y otros delincuentes ocupacionales se enriquecen indebidamente a costa del producto social. Pero la capa mercantil dentro de la delincuencia es la que se enriquece de modo ostensible, porque no se trata ya simplemente de apropiarse de lo ajeno, sino de un verdadero proceso de capitalización

---

Aunque se sabe que una parte de estos particulares legalizaron su capital y su actividad mediante el cuentapropismo, no parece ser que este sea una solución económica a los desvíos de recursos de la Delincuencia Ocupacional, ni representa necesariamente una contrapartida del *Mercado Parasitario Marginal*. Dada la dificultad para adquirir legalmente productos y materias primas a bajo precio, el cuentapropismo compite en desventaja con el *Mercado Parasitario Marginal* dado que a los suministradores de este último no les cuesta la mercancía desviada o le cuesta muy poco, de ahí que siempre les sea rentable su venta aun a bajo precio. El resultado –comprobado en los procesos penales- es que muchos cuentapropistas (titulares de pizzerías, dulcerías, restaurantes, etc.,) terminan adquiriendo materias primas (harina, azúcar blanca, aceite comestible, etc.,) en el *Mercado Parasitario Marginal*. Así, en lugar de una competición y contrapartida, se produce una complementación parcial entre ambos tipos de economía.

a partir de sus crecientes ganancias comerciales y ese capital ilegalmente creado, afecta la distribución social en su conjunto.

Pero se da también un fenómeno paradójico según esta mercantilización burocrática se extiende. El caso es que, especialmente si se incrementan los eslabones en la cadena que va desde el que se apropia directamente de la mercancía hasta el comprador final, la mercancía va perdiendo su identidad ilícita, y va a parar cada vez más al mercado legal, a personas no vinculadas con la delincuencia en forma directa, y no practicantes de un modo de vida antisocial. Sencillamente, se ha incrementado tanto la compraventa privada, de todo tipo de artículos, incluso en forma totalmente lícita, que las compraventas ilícitas no se distinguen.

El resultado es que una parte no cuantificada de la población, pero en constante aumento, está satisfaciendo parte de sus necesidades a través de artículos mal habidos. Esto significa que pese a ser una economía parásita, se desarrolla también una cierta funcionalidad, una relación simbiótica, que se constituye en retroacción estimuladora de la criminalidad.

Las consecuencias sociales se derivan de las económicas, en gran medida. En primer lugar, la estimulación mercantil facilita la expansión del grupo social delincuencial, tanto del marginal, como de la capa de empleados y funcionarios que se va acostumbrando a medrar y obtener en forma casi permanente ingresos ilícitos suplementarios, que una vez alcancen cierto nivel se convierten en fuente principal de sus ingresos, reduciendo en la misma medida el valor del trabajo, y, por ende, su motivación hacia el mismo.

Por otro lado, el cambio en el modo de vida se extiende también a sus familias, y produce un efecto nocivo sobre sus hijos, que pueden orientarse en la misma dirección. Al mismo tiempo, la existencia de los nuevos ricos, enriquecidos ilegalmente, irrita a la población trabajadora, que vive de su salario y no puede soñar siquiera con alcanzar mediante el trabajo honrado, un nivel de vida equiparable al de ellos.

Esto objetivamente, tiende a debilitar la conciencia de productores pudiendo convertirlos a su vez en delincuentes ocupacionales.

Y simultáneamente con todo esto ocurre el proceso ideológico antes mencionado: el surgimiento y expansión de ideología neocapitalista y burocrática según aumenta el número de personas involucradas en este tipo de actividades, así como su reproducción social en las personas de su descendencia.

Estas consecuencias se producen como resultado del propio automovimiento de la criminalidad en esta fase mercantil, pero esto no significa que sea indiferente a otras influencias procedentes de la sociedad, sino todo lo contrario: así, por ejemplo, la existencia de sectores o capas pequeño burguesas "legales", como en nuestro caso el pequeño campesinado, los transportistas privados y los cuentapropistas, se asocia fácilmente con este mercado clandestino y lo estimula, estimulando así a su vez la criminalidad como tal.

Del mismo modo actúan los mecanismos legales del sistema de dirección de la economía que se basan en la ganancia individual, las relaciones mercantiles entre las empresas y una rentabilidad basada únicamente en el dinero y en los intereses estrechos de la empresa, todo lo cual abre el camino a "negocios" de diverso tipo que se entrelazan y entran en intercambio con algún eslabón que conduce al mercado delictivo, introduciendo nuevos valores en él que lo refuerzan y refuerzan simultáneamente la criminalidad. Un ejemplo de todo esto lo tenemos en el Caso "Millonario". [55]

3.8. Caso "Millonario"

Mencionaremos a propósito el "Caso Millonario" (1983), uno de los primeros ejemplos de Delincuencia Ocupacional, que implicaba al personal de la Heladería Ward, en la Avenida Santa Catalina, y que fue "descubierto" por casualidad y por la sagacidad de un jefe de policía. Se trataba efectivamente de un millonario, pero lo interesante es cómo se enriqueció.

Sucedió un día en que a media mañana circulaba por esa arteria en su carro un alto jefe de la Policía Nacional Revolucionaria. Hombre observador, como es propio de su profesión, se fijó en un carro que estaba parqueado frente a esa cremería. Se fijó porque era un Lada último modelo (es decir, de los primeros que entraron al país), adornado con todos los atributos que usaban los dirigentes: cristales tintados, faros con extras y neblineros, retrovisores laterales y otros extras (a raíz de este caso el Ministro mando a quitar en todos sus carros oficiales estos atributos que indicaban "status"). Le entró la curiosidad por saber qué dirigente tenía tiempo para estar a las 11 de la mañana parqueado en una cremería saboreando un helado. Tomó la planta y ordenó que le dijeran a quién pertenecía la chapa del carro en cuestión. Unos minutos después le dieron la respuesta: el propietario era un desconocido y al inquirir por su profesión le comunicaron, para su sorpresa, que era el Administrador de la propia Heladería "Ward". Había que averiguar cómo un simple administrador podía comprar un coche así, y rodearlo de lujos.

---

[55] Barral, F: La Delincuencia Ocupacional en Cuba Socialista. Ensayo. Obra inédita. 2010.

No dio más instrucciones por la planta, pero al volver a su oficina llamó inmediatamente al Jefe de Investigaciones y le encomendó que reuniera todos los casos abiertos y demás informaciones existentes sobre la citada cremería. No tuvo que esperar mucho, apenas una hora después obtuvo la información solicitada, que le dejó boquiabierto: resultó que había decenas de casos relacionados con la heladería, pero no se encontraba la relación entre ellos. Eran, al parecer, un número elevado de denuncias e investigaciones, efectivamente, y los mejores investigadores estuvieron estudiándolos durante horas, hasta que sacaron las conclusiones:

Al parecer, todos los casos individuales estaban interrelacionados, eran empleados de la cremería; todo comenzaba con el cucharón dispensador de helado con que se servía: eran cucharones especiales, hechos más pequeños, o sea, por cada "helado" que se vendía, el repartidor se quedaba con una cantidad de dinero que no estaba contabilizado. Esta diferencia de dinero se la distribuían entre los empleados, en proporción directa al cargo de cada uno, de modo que el sobrante iba a parar a los bolsillos del vendedor. Pero no por mucho tiempo: debía pagar una parte, mayor, al Jefe de Turno. Aquí también ocurría lo mismo y se debía pagar la "coima" al subdirector, quien al final hacía lo propio con el administrador. Era una cadena, en la cual el administrador se quedaba con la parte del "león". Sumado el total, explicaba el nivel de vida y no solo el carro ostentoso que se permitía llevar el administrador, que dio el nombre de "Caso Millonario". Las cosas no terminaban ahí, por supuesto. Con tanto dinero en el bolsillo podía comprar lo que quería, generalmente en la bolsa negra, o encargar exquisiteces.

Este caso fue el primero que observamos de esta modalidad, que no tenía siquiera nombre técnico, y le bautizamos como "Delincuencia Institucional", una variante inédita hasta entonces de Delincuencia Ocupacional.

3.9. Delincuencia Ocupacional y Corrupción Administrativa y Burocracia.

Lo que hoy se denomina en nuestro país Corrupción Administrativa es parte de la Delincuencia Ocupacional. Que sea solo una parte y no una identificación total obedece a la etimología del propio concepto de corrupción: *putrefacción, alteración, falsificación, vicio o abuso*[56]. Corromperse, por tanto, es defraudar un ideal o expectativa legítima de representación pública. El pueblo no tilda de corruptos a los delincuentes marginales ni a los obreros que le roban al Estado, sino a los funcionarios, dirigentes y políticos que lucran ilegalmente. Esta visión es la que ha predominado en la definición oficial de Corrupción Administrativa dada en el Reglamento del Decreto Ley 219 del extinto MAC.[57]

Visto así, el concepto de Corrupción Administrativa pone más el acento en el reproche ético dirigido a los funcionarios y dirigentes que en la explicación de sus actividades delictivas. La referencia a estas últimas es apenas una descripción que permite identificarlos y sancionarlos, no un hilo que nos lleve a la esencia y desarrollo de su actuar como delincuentes. En realidad, se trata de un concepto definido desde la óptica jurídico-penal con un énfasis en aspectos éticos, lo cual limita su utilización en la Criminología. A la postre, para apuntalar su utilidad teórica y su capacidad de contrastación empírica, es necesario recurrir al concepto de Delincuencia

---

[56] Pequeño Larousse Ilustrado.

[57] "la actuación contraria a las normas legales y a la ética de los cuadros del Estado y el Gobierno, del dirigente o funcionario, en el ejercicio de su cargo o función, caracterizada por una pérdida de valores morales incompatible con los principios de la sociedad cubana, que se comete al dar uso para intereses personales a las facultades y bienes materiales que deben ser para la satisfacción del interés público o social; dirigida a obtener beneficios materiales o ventajas de cualquier clase para sí o para terceros, y que se fundamenta en el engaño, el soborno, la deslealtad y el desorden administrativo"

Ocupacional.[58] En definitiva ¿qué es un corrupto sino un delincuente ocupacional que se desempeña como funcionario o dirigente?

Burocracia, parasitismo y criminalidad ocupacional.

El concepto de Burocracia hace referencia tanto a una forma específica de organizar la vida social (económica, administrativa, política, etc.,) como al estamento de dirigentes y funcionarios que se encarga de hacerla funcionar. Por tanto, burocracia y burócratas son dos caras de una misma moneda. Es inherente a la Burocracia la reglamentación pormenorizada de procedimientos y funciones, la rigidez, la estricta jerarquización, la despersonalización de los cargos, la especialización y profesionalización de los funcionarios[59] y la enajenación que genera tanto en los funcionarios como en los trabajadores, entre otros rasgos.

El burocratismo, por su parte, entendido a menudo como exceso de trámites y papeleos, es un fenómeno consustancial a la Burocracia y está relacionado, por un lado, con la reglamentación detallada de los procedimientos y con la exigencia de que ello quede por escrito y archivado. Por el otro, con la propia "racionalidad" de la Burocracia, cuya lógica de funcionamiento la lleva a crear más trámites e instancias de contrapartida para solucionar los problemas de control y organización.

---

[58] El lector puede intentar definir operacionalmente el concepto de Corrupción Administrativa antes citado y comprobar las ventajas y desventajas que tiene para la investigación criminológica. Si ello le resulta engorroso, puede simplemente contrastar el contenido del concepto con las características observables de la corrupción en el país. Quizás lo primero que le llame la atención es que la definición deja fuera la corrupción en el sector privado nacional y foráneo. De igual forma, queda fuera el tipo de violencia propia de esta criminalidad. Vale acotar que algunos aspectos de la definición (p. ej.: *"pérdida de valores morales"* e *"incompatible con los principios de la sociedad cubana"*) resultan polémicos desde el enfoque del Labelling Approach y evocan una concepción clínico-positivista del delincuente y de la sociedad, respectivamente.

[59] Weber, Max, "Qué es la Burocracia", Ediciones elaleph. Com.

Históricamente, la denominada *Burocracia Socialista* fue un paso inevitable para lograr la industrialización y el desarrollo de la administración pública en aquellos países que, durante el siglo XX, llevaron a cabo revoluciones de signo socialista.[60] De hecho, el Estado burocrático socialista se convirtió en el vehículo civilizatorio de estas naciones[61].

Sin embargo, la Burocracia, que tanto potenció durante años el desarrollo industrial y cultural de las sociedades socialistas, provocó también su progresivo estancamiento, lo cual obedeció, entre otras razones, a la regimentación económica, política e ideológica impuesta por el estamento burocrático gobernante y a la paulatina enajenación[62] que se produjo en los trabajadores e intelectuales. Dicho estamento, autoconsiderado la vanguardia organizada de la clase obrera, degeneró con el tiempo en una élite interesada en conservar su *statu quo* sobre la base del nivel económico-social ya alcanzado y empezó a usufructuar gran parte de la riqueza generada por los trabajadores, aunque legalmente no fuera propietaria de los medios de producción. Este proceso de enajenación material e ideológica de la burocracia gobernante ha estado presente también en Cuba, aunque en grado diferente.[63]

---

[60] La URSS y el bloque socialista de Europa del Este, Vietnam, Cuba, entre otros.

[61] Bahro, Rudolf, "Por un comunismo democrático. La alternativa. Contribución a la crítica del socialismo realmente existente", Editorial Materiales, Barcelona, 1979, páginas 147 y 148.

[62] Por enajenación no solo entendemos aquí al desinterés de los trabajadores por la dirección y control de los procesos socioeconómicos y políticos de esos países, sino a la exclusión objetiva de la adopción de decisiones y del control de la vida económica y política.

[63] Los sucesos ocurridos con Carlos Lage y Felipe Pérez Roque, Secretario del Consejo de Estado y Ministro de Relaciones Exteriores, respectivamente, pusieron de relieve el alto nivel de disfrute personal al que estaban habituados estos funcionarios. Al ser divulgados oficialmente tales acontecimientos la gran mayoría del pueblo quedó asombrada y reaccionó con irritación, no solo por las posiciones

Para mantener el *statu quo*, el estamento burocrático dominante somete a estricta censura toda crítica o actividad dirigida contra el esquema político, ideológico, económico o cultural de funcionamiento del Estado, so pretexto de disidencia o contrarrevolución. En esa filosofía política son educadas generaciones de dirigentes sindicales, administrativos y políticos, los cuales a su vez adoctrinan a las masas de trabajadores, o al menos lo intentan. El efecto es conocido como regimentación ideológica. De esta forma el estamento burocrático se inmuniza y a la vez, reduce sus posibilidades de rectificar errores o disfunciones extremas del propio sistema burocrático[64].

Llegados a este punto del análisis conviene hacer algunas precisiones concernientes a la relación Burocracia-Delincuencia Ocupacional:

Al usufructuar la riqueza social, el estamento burocrático de la sociedad socialista instituye un sistema de privilegios de carácter clasista, que es, en realidad, un *sistema oficializado de parasitismo*[65] no criminalizado por el Derecho Penal.

Ese *sistema oficializado de parasitismo* –junto a la enajenación de la clase obrera y a la formalización inoperante de los sistemas de control interno empresarial- constituyen las premisas ideológicas y

---

políticas asumidas por estos funcionarios, sino también por la "*buena vida*" que se estaban dando en medio de la crisis económica de la sociedad cubana.

[64] Aunque hace ya varios años que el Presidente del Consejo de Estado y de Ministros, Raúl Castro, viene haciendo un enérgico llamado a todos los revolucionarios y militantes del PCC a debatir, a escuchar y a evitar el falso consenso, ese grito de guerra se ahoga en los niveles intermedios y bajos, en los que hacerse eco de esa exigencia de democracia significa buscarse demasiados y serios problemas con la burocracia administrativa.

[65] La cuantía y tipo de beneficios oficiales varía de acuerdo al nivel de la jerarquía estatal en la que se inserte el burócrata. Mientras más elevada su posición, mayores son los beneficios parasitarios y más difíciles de censurar por la opinión popular.

estructurales del desarrollo y expansión de la Delincuencia Ocupacional y la Corrupción Administrativa en el Socialismo[66].

Una vez surgida, y en especial cuando llega a su fase mercantil, la Delincuencia Ocupacional se constituye en un ***contrasistema parasitario*** de la organización burocrática estatal socialista. Así, aunque en un inicio la Delincuencia Ocupacional se nutre de la Burocracia y la reproduce por conveniencia, a largo plazo choca con sus trabas legales y administrativas, en especial aquellas que dificultan o prohíben la acumulación privada de capital y la economía de mercado.

En este contexto, las medidas del Estado –sobre todo las referidas a la ampliación de la inversión extranjera y del movimiento cuentapropista- dirigidas a reorganizar, dinamizar y desarrollar la economía nacional, corren el riesgo de ser manipuladas por la Criminalidad Ocupacional y en especial, por su dirigencia corrupta y enriquecida, en función de sus propios intereses pro-capitalistas.[67]

En Cuba, los procesos de burocratización y de corrupción del aparato estatal y de la economía, en gran medida importados desde la Unión Soviética, fueron enfrentados por la máxima dirección política del país –en especial por Fidel- a mediados de la década del 80 del siglo pasado[68]. La crisis económica y social que sobrevino con la caída de

---

[66] Solo al adoptar este enfoque fue que nos dimos cuenta que las llamadas causas iniciales de la Delincuencia Económica Ocupacional, es decir, el permanente descontrol administrativo, la falta de combatividad de los trabajadores ante el desvío de recursos, y la "pérdida de valores" de los dirigentes y funcionarios, eran en realidad expresiones estructurales e ideológicas de la organización burocrática del Estado socialista.

[67] La Perestroika soviética es un ejemplo elocuente de lo dicho.

[68] El lamentablemente inconcluso "Proceso de Rectificación de Errores y Tendencias Negativas".

la URSS y del campo socialista, y las medidas que se han adoptado desde entonces para sobrevivir en condiciones difíciles, incrementaron la delincuencia económica y la corrupción administrativa.

Aunque hoy hemos desatado una lucha frontal contra el Delito Económico y la Corrupción Administrativa, la Burocracia, con sus privilegios y efectos escleróticos sobre el organismo social, sigue siendo uno de los problemas más difíciles de solucionar. Algunas de las razones que dificultan su enfrentamiento son las siguientes:

Predominio en el pueblo y en los propios dirigentes de una visión reduccionista de la Burocracia, la cual es usualmente entendida como exceso de trámites y papeles, es decir, como mero burocratismo. En otros casos, la Burocracia es vista como una forma de organización del Estado moderno y no como sistema de dominación y de explotación. Como resultado, las medidas propuestas para solucionarlas son de carácter técnico-organizacionales en lugar de ser clasistas.

Falta de satanización política de la Burocracia. Contrario a lo que sucede con la Corrupción Administrativa y la criminalidad, la Burocracia no es vista políticamente como un peligro para el Socialismo. En todo caso, así es visto "el burócrata" pero solo cuando se corrompe o le roba al Estado.

El análisis de la Burocracia y de las medidas a adoptar para contrarrestarla, es realizado y son decididas, respectivamente, por la Burocracia misma y desde la lógica, las verdades e intereses de la Burocracia. En otras palabras, el estamento burocrático no se afecta a sí mismo[69].

---

[69] Esto es así solo en principio. Como mismo sucede con la clase dominante en el Capitalismo, el estamento burocrático socialista no es homogéneo en su composición. En caso de ser necesario, los grupos más empoderados de la

Dado que el Estado socialista es un estado burocrático, todo ataque a este último suele ser visto como un ataque al primero, con la consiguiente censura y estigmatización de la crítica como "disidencia política o contrarrevolución."

Burocracia pueden adoptar medidas en detrimento de los beneficios legales o ilegales de los grupos burocráticos intermedios o bajos.

Currículum profesional: Dr. Fernando Barral

- Dr. en Medicina y Cirugía. Universidad de Budapest, (1955).
- Profesor de Psiquiatría Universidad de la Habana (1961 - 1964).
- Fundador y director de la Clínica Psiquiátrica del Ministerio del Interior (MININT) (1964 – 1966).
- Asesor en Ciencias Sociales. MININT (1963 -1970) y (1980-89).
- Miembro de la Sociedad Cubana de Criminología y Derecho Penal (1990-actualidad).

Trabajos del autor sobre Criminología, Delincuencia y temas afines:

- Modelación sociológica de la delincuencia. 1988.
- Elementos de Sociología y Economía Criminal. Informe Científico a la Academia de Ciencias sobre el Tema Delincuencia y Juventud, del Programa Juventud, de la ACC. 1989.
- La mercantilización de la delincuencia en Cuba, características, desarrollo y peligros futuros. Presentado al Concurso Internacional de la Asociación de Economistas de América Latina. 1990
- La Delincuencia Ocupacional. (Fecha no precisada).
- Con B. Cuellar y Y. Barreras. Economía subterránea y mercado negro delincuencial en Cuba. 1992.
- Con Y. Barreras. Una teoría económica de la delincuencia. Ponencia a la Tercera Jornada Nacional de Criminología. 1992.
- Una Teoría de la Delincuencia en el Socialismo. 1995.
- Elementos de Economía y Sociología Criminal. 2008.
- Delincuencia Ocupacional y corrupción en Cuba. (Esbozo metodológico para su estudio) 2009.
- Ensayo sobre La Delincuencia Ocupacional en Cuba

Socialista. Abril 2010.
- Aproximación Sociológica al Problema de la Corrupción en Cuba. (Revista Temas, Versión digital No)Abril 2010.

Trabajos sobre otros temas:
- El Método Dialéctico y la Medicina. Dpto. Psiquiatría de la Universidad de La Habana. Facultad de Ciencias Médicas. 1965
- Anteproyecto para la Clínica Psiquiátrica del MININT. 1965
- Dogmatismo y Rectificación en las Ciencias Sociales. Trabajo de presentación al Concurso de La Asociación de Investigaciones Filosóficas. Enero 1991.
- Burocratismo y Dogmatismo en la URSS y sus repercusiones en Cuba. Mayo 1994.
- Mis Vidas Sucesivas. Recuerdos y destinos de un niño de la guerra. Publicado por el Centro Cultural Pablo de la Torriente Brau. La Habana 2011.
  http://www.centropablo.cult.cu/libros_descargar/mis_vidas_su cesivas.pdf
- Hungría 1956: Historia de una insurrección. ISBN: 978-9962-697-55-8 Editorial Ruth Casa 2013.
  http://www.ruthtienda.com/es/libros-ebooks/hungr-1956
-

Currículum profesional: Alejandro Aldana Fong

- Licenciado en Derecho. Universidad de la Habana, 1993.
- MSc en Criminología. Universidad de la Habana, 2007.
- Profesor adjunto de la Universidad de la Habana, 2009-actualidad.